MÉTODO DE ESPAÑOL PARA EXTRANJEROS

PRISMA
COMIENZA

PRISMA DEL ALUMNO

Equipo prisma

EDITORIAL EDINUMEN

NIVEL A1

Equipo prisma: Águeda Alba, Ana Arámbol, Cristina Blanco, Raquel Blanco, Isabel Bueso, Gloria Caballero, Ana Dante, Esther Fernández, Óscar Gómez, Raquel Gómez, Ainhoa Larrañaga, Adelaida Martín, Ramón Martín, Silvia Nicolás, Carlos Oliva, Isabel Pardo, Marisa Reig, Marisol Rollán, María Ruiz de Gauna, Ruth Vázquez, Fausto Zamora

© Editorial Edinumen, 2002
© Autores de este nivel: Isabel Bueso, Raquel Gómez, Carlos Oliva, Isabel Pardo, María Ruiz de Gauna y Ruth Vázquez
  Coordinadora del nivel A1: Raquel Gómez

ISBN 84-95986-03-5
Depósito Legal: M-43.257-2.002
Impreso en España
Printed in Spain

Coordinación pedagógica:
  María José Gelabert

Coordinación editorial:
  Mar Menéndez

Ilustraciones:
  Miguel Alcón

Diseño de portada:
  Juan V. Camuñas y Juanjo López

Diseño y maquetación:
  Juanjo López

Impresión:
  Gráficas Glodami. Coslada (Madrid)

Fotomecánica:
  Reprografía Sagasta. Madrid

Instituto Cervantes

Este método se ha realizado de acuerdo con el Plan Curricular del Instituto Cervantes, en virtud del Convenio suscrito el 3 de agosto de 2001

La marca del Instituto Cervantes y su logotipo son propiedad exclusiva del Instituto Cervantes

Editorial Edinumen
Piamonte, 7. 28004 - Madrid
Tels.: 91 308 22 55 - 91 308 51 42
Fax: 91 319 93 09
e-mail: edinumen@edinumen.es
www.edinumen.es

MÉTODO DE ESPAÑOL PARA EXTRANJEROS

PRISMA

COMIENZA

introducción

PRISMA es un método de español para extranjeros estructurado en **6 niveles: Comienza (A1), Continúa (A2), Progresa (B1), Avanza (B2), Consolida (C1)** y **Perfecciona (C2)**, según los requerimientos del *Marco de referencia europeo* y del *Plan Curricular del Instituto Cervantes*.

PRISMA aúna diferentes tendencias metodológicas desde una perspectiva comunicativa, con lo cual se persigue atender a la diversidad de discentes y docentes. El objetivo general de **PRISMA** es dotar al estudiante de las estrategias y conocimientos necesarios para desenvolverse en un ambiente hispano en el que convergen diferentes culturas a uno y otro lado del Atlántico.

Cada nivel se compone de **PRISMA del alumno, PRISMA del profesor** y un **CD** de audiciones.

PRISMA Comienza (A1) corresponde al nivel más bajo del uso generativo de la lengua. El alumno aprende a:

- Interactuar de forma sencilla

- Plantear y contestar preguntas sobre sí mismo, sobre las personas que conoce y sobre las cosas que tiene o necesita y le rodean

- Realizar afirmaciones simples en áreas de necesidad o relativas a temas muy corrientes y responder a cuestiones de ese tipo cuando se las formulan a él

- Expresarse a través de la comunicación no verbal.

A través de las actividades presentadas en los diferentes ámbitos (personal, público, profesional y educativo), se conduce al estudiante a adquirir una competencia comunicativa propia de su nivel (tanto en lengua oral como en lengua escrita) para:

- Expresarse con frases sencillas y aisladas relativas a personas y lugares

- Describir personas y objetos, actividades diarias, etc.

- Expresar gustos y preferencias

- Hablar de uno mismo y de su entorno

- Responder y reaccionar a preguntas y situaciones cotidianas

- Escribir frases y oraciones sencillas enlazadas con conectores sencillos

- Comprender, interpretar y extraer información de discursos, frases y expresiones en áreas de prioridad inmediata (información, compras, instrucciones, etc.)

- Reconocer la escritura.

Cada unidad didáctica tiene autonomía, pero recoge contenidos gramaticales, léxicos y funcionales de unidades anteriores (retroalimentación). Cada actividad va acompañada de unos iconos que marcan la destreza que se va a trabajar (leer, escribir, escuchar, hablar), así como la distribución de clase sugerida por los autores (solo, parejas, grupos pequeños, grupo de clase), también aparece un icono cuando se requiere una explicación del profesor (siempre presente en el libro del profesor) o un juego.

PRISMA del alumno consta de doce unidades más dos de repaso y abarca unas 80 horas lectivas.

Cada unidad didáctica se desarrolla atendiendo a:

■ **Integración de destrezas:** una gran parte de las actividades están planteadas para llevarse a cabo en parejas o grupo, con el fin de potenciar la interacción, la comunicación y la interculturalidad.

■ **Hispanoamérica:** se deja sentir en los contenidos culturales que aparecen en textos y audiciones, lo que permite hacer reflexionar al estudiante sobre la diversidad del español, como lengua y como prisma de culturas.

■ **Gramática:** se presenta de forma inductiva y deductiva para que los estudiantes construyan las reglas gramaticales basándose en su experiencia de aprendizaje o dando una regla general que deben aplicar, dependiendo de la frecuencia, rentabilidad o complejidad de los contenidos.

■ **Autoevaluación:** se sugieren tanto actividades conducentes a que el estudiante evalúe su proceso de aprendizaje, como actividades que potencien y expliciten las estrategias de aprendizaje y comunicación.

PRISMA del profesor recoge:

■ **Propuestas, alternativas y explicaciones** para la explotación de las actividades presentadas en el libro del alumno, prestando especial atención al **componente cultural y pragmático**, con el fin de que el estudiante adquiera un aprendizaje global.

■ **Fichas** fotocopiables, tanto de refuerzo gramatical como para desarrollar situaciones comunicativas o tareas, dentro y fuera del aula, para que el estudiante tome conciencia de la diferencia de los intereses individuales, de su visión del mundo y, en consecuencia, de su aprendizaje.

■ **Material para transparencias** de apoyo para el proceso de enseñanza/aprendizaje.

■ **Apéndice de ortografía y pronunciación** con ejercicios prácticos.

■ **Transcripciones** de las audiciones.

■ **Claves** de los ejercicios.

Equipo prisma

índice *de contenidos*

En el método se han usado los siguientes símbolos gráficos:

 Trabajo individual

 Hablar

 Audio
[1]   [Número de la grabación]

 Trabajo en parejas

 Escribir

 Léxico

 Trabajo en pequeño grupo

 Leer

 Profesor

 Trabajo en gran grupo o puesta en común

 Jugar

 Tareas para realizar en casa

Unidad 1

Funciones comunicativas

- Saludar formal e informalmente
- Identificar(se): decir la nacionalidad, el origen, la profesión, la edad...
- Presentar(se)
- Despedirse
- Dar una opinión

Contenidos gramaticales

- El alfabeto
- Presentes: *ser, tener, trabajar, llamarse*
- Números: *0-101*
- Los demostrativos: *este, esta, estos, estas*
- Género y número en adjetivos
- Interrogativos: *¿Cómo/De dónde/Cuántos?*
- *Yo creo que* + opinión

Contenidos léxicos

- Adjetivos de nacionalidad
- Nombres de países
- Profesiones
- Lenguas
- Léxico de supervivencia en clase

1 Contactos
en español

▪▪▪▪▪▪▪▪▪▪▪▪▪▪▪▪▪▪▪▪▪▪▪▪▪▪▪▪▪▪▪▪▪▪

1.1. 👤 🎧 **Escucha cómo se presentan estas personas, ¿quién es quién?**
[1]

Presentarse y saludar

▶ Hola, me llamo + nombre. ¿Y tú? (¿cómo te llamas?)

▷ (Me llamo) + nombre / Soy...

▶ ¿Cómo se llama?

▷ Se llama + nombre /Es...

Presente

Llamarse

Yo	me llamo	Nosotros/as	nos llamamos
Tú	te llamas	Vosotros/as	os llamáis
Él/ella	se llama	Ellos/ellas	se llaman
Usted	se llama	Ustedes	se llaman

1.2. 👥 💬 **Y tú, ¿quién eres? En grupos de tres, decid quiénes sois.**

2.1. 👤 🎧 **Escucha y repite:**
[2]

EL ALFABETO

a	a	**h**	hache	**n**	ene	**t**	te
b	be	**i**	i	**ñ**	eñe	**u**	u
c	ce	**j**	jota	**o**	o	**v**	uve
ch	che	**k**	ka	**p**	pe	**w**	uve doble
d	de	**l**	ele	**q**	cu	**x**	equis
e	e	**ll**	elle	**r**	erre	**y**	i griega
f	efe	**m**	eme	**s**	ese	**z**	zeta
g	ge						

La **ch** y la **ll** representan un sonido.

2.2. 👤 ✏️ **Aquí están los nombres de las letras. Escribe la letra junto a su nombre:**

Ejemplo: cu [q]

uve doble [ ]   erre [ ]

ce [ ]   uve [ ]

ge [ ]   jota [ ]

equis [ ]   zeta [ ]   hache [ ]

i griega [ ]

2.3. 👥🗣️(BLA) **Pregunta a tu compañero para completar el cuadro:**

Ejemplo: ▷ *¿Cómo se llama de nombre Rodríguez Navarro?*
▶ *María Soledad.*
▷ *¿Como se escribe?*
▶ *María: eme, a, erre, i, a. Y Soledad: ese, o, ele, e, de, a, de.*

alumno a

Nombre	Apellidos
1. María Soledad	Rodríguez Navarro
2. Ana María	Matute
3. Francisco	de Goya y Lucientes
4. Mario	Vargas Llosa
5. Ramón	del Valle Inclán
6. Antonio	Muñoz Molina
7. Emilia	Pardo Bazán

CONTINÚA ····▸

Ejemplo: ▷ *¿Cómo se apellida María Soledad?*
▶ *Rodríguez Navarro.*

alumno b

Nombre	Apellidos
1. María Soledad	**Rodríguez Navarro**
2. Ana María	Matute
3. Francisco	de Goya y Lucientes
4. Mario	
5. Ramón	
6. Antonio	Muñoz Molina
7. Emilia	

3 ¿De dónde...?

3.1. 🙎🏻 ✏️ **Con tu compañero, escribe más nombres de países:**

Asia	África	Europa	América	Oceanía
China	Egipto	Holanda	Argentina	Australia
		Alemania	México	
		Italia	Colombia	
			Cuba	

3.2. 🙎🏻 💬 **¿Sabes de dónde es...? ¿Sabes de dónde son...? Discute con tus compañeros de dónde son estas cosas.**

Ejemplo: ▷ *¿De dónde es el café?*
▶ *Es colombiano.*
▶ *No..., yo creo que es guatemalteco.*
▶ *No sé, pero es americano, seguro.*

CONTINÚA ⋯⋯

Para decir tu opinión:

Yo creo que + *opinión*

3.3. 👤✏️ **Completa el cuadro siguiendo el ejemplo de la primera línea.**

Italia	italiano	italiana	italianos	italianas
México	mexicano		mexicanos	
Sudáfrica	sudafricano			sudafricanas
Brasil		brasileña		brasileñas
Suiza	suizo		suizos	
Suecia		sueca		suecas
Egipto	egipcio		egipcios	
Inglaterra	inglés		ingleses	
Francia		francesa		francesas
Japón	japonés			japonesas
Estados Unidos	estadounidense		estadounidenses	
Bélgica	belga			belgas

¿Quién es...? 4

4.1. 👫🗨️ **¿Conoces a estas personas? Con tu compañero identifica a estos personajes:**

Nacionalidad
Estadounidense
Español
Colombiano
Egipcia

Nombre
Mickey Mouse
Cleopatra
García Márquez
Don Quijote

Profesión
Reina
Actor
Caballero
Escritor

Ejemplo: *Se llama Gabriel García Márquez.*
Es colombiano.
Es escritor.

Presente

Ser

Yo	soy	Nosotros/as	somos
Tú	eres	Vosotros/as	sois
Él/ella	es	Ellos/ellas	son
Usted	es	Ustedes	son

Usamos el verbo *ser* para:

- **Identificarse**
  - **Ser** + nombre
    - ▶ *Soy Marisol García.*

- **Decir la nacionalidad u origen**
  - **Ser** + adjetivo de nacionalidad
    - ▶ *Soy inglés.*
  - **Ser** + **de** + nombre de país, ciudad, pueblo...
    - ▶ *Soy de Manchester.*

- **Decir la profesión o la actividad**
  - **Ser** + nombre de profesión
  - **Ser estudiante de** + estudios
    - ▶ *Yo soy profesora de español, ¿y tú?*
    - ▷ *(Yo soy) Estudiante de Económicas.*

Soy peluquero

4.2. 👤 ✏️ **Relaciona y escribe la información:**

Nombre	Profesión	Nacionalidad
Pablo Picasso	Pintor	Cubana
Beethoven	Político	Alemana
Fidel Castro	Escritora	Inglesa
Los Hermanos Marx	Escritor	India
Rabindranath Tagore	Actores	Española
Virginia Woolf	Músico	Estadounidense

Ejemplo: *Se llama* **Pablo Picasso**, *es* **pintor**, *es* **español**.

1. ....
2. ....
3. ....
4. ....
5. ....

4.3. ▦ 🄲 **Piensa en un personaje famoso. Tus compañeros van a hacerte preguntas para saber quién es. Tú solo puedes contestar sí o no.**

5.1. Escucha:
[3]

LOS NÚMEROS

0	cero	**10**	diez	**20**	veinte	**30**	treinta
1	uno	**11**	once	**21**	veintiuno	**31**	treinta y uno
2	dos	**12**	doce	**22**	veintidós	**42**	cuarenta y dos
3	tres	**13**	trece	**23**	veintitrés	**53**	cincuenta y tres
4	cuatro	**14**	catorce	**24**	veinticuatro	**66**	sesenta y seis
5	cinco	**15**	quince	**25**	veinticinco	**75**	setenta y cinco
6	seis	**16**	dieciséis	**26**	veintiséis	**86**	ochenta y seis
7	siete	**17**	diecisiete	**27**	veintisiete	**97**	noventa y siete
8	ocho	**18**	dieciocho	**28**	veintiocho	**100**	cien
9	nueve	**19**	diecinueve	**29**	veintinueve	**101**	ciento uno

5.2. Rellena el crucigrama y encuentra el número secreto:

1. 5+5=
2. Los días de la semana
3. 3x5=
4. Las patas del gato
5. 10+10=
6. Los dedos de la mano
7. 7x2=
8. 12-4=
9. 10+1=

5.3. Relaciona el signo con su nombre:

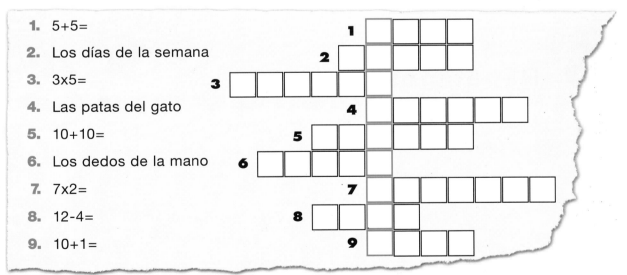

Signo

1   x
2   +
3   =
4   –
5   :, (/)

Nombre

a   más
b   menos
c   por
d   entre
e   igual

5.4.  ¿Qué tal las matemáticas? Con tu compañero, resuelve las cuentas:

$6 \times 5 =$ ☐ $72 : 8 =$ ☐ $87 - 60 =$ ☐

$4 \times 6 =$ ☐ $100 : 4 =$ ☐ $100 - 50 =$ ☐

$7 + 7 + 10 =$ ☐ $5 + 6 + 9 =$ ☐ $7 \times 8 =$ ☐

5.5.

Alumno A: **Lee a tu compañero los números de tu ficha.**

Alumno B: **Marca los números que lee tu compañero. ¿Cuántos son diferentes?**

alumno a

25	82	85	98	62
77	71	55	48	94
11	43	36	37	16
32	18	67	59	66

alumno b

25	81	85	98	62
76	71	55	48	94
12	44	36	37	15
32	17	68	59	66

5.6. **Vamos a jugar a los chinos; coge tres monedas. Tu profesor te da las instrucciones.**

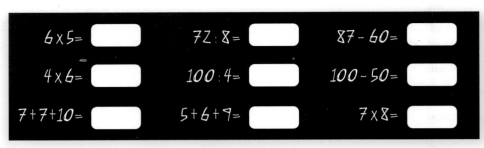

6 Repetimos

6.1. **Lee:**

¡Hola, chicos!
Me llamo Tina, soy española y tengo veinte años. Soy de Santander, una ciudad muy bonita del norte de España. Soy estudiante de Medicina en la universidad de Valladolid. Estudio para ser médica porque yo creo que es una profesión muy interesante. También estudio alemán e italiano para hablar con mis amigos. Tengo dos amigos italianos: Paolo y Luigi; ellos son de Nápoles y también una buena amiga alemana que se llama Birgit. Es del sur de Alemania. Mis amigos tienen veintidós años los tres y estudian medicina y español.

Un beso y hasta pronto,

Tina

6.2.

Completa el cuadro con la información de la carta:

Nombre: _____

Nacionalidad: _____

Ciudad de origen: _____ Edad: _____

Estudios: _____

Lenguas que habla: _____

6.3.

Escribe a tus compañeros de clase una carta de presentación:

¡Hola, chicos!

Me llamo ...., soy .... y tengo .... años. Soy de ...., una ciudad .... Estudio .... También estudio lenguas: .... para ....

Un beso y hasta pronto.

Tengo... 7

7.1.

Relaciona cada frase con su dibujo:

Tengo hambre ■

Tengo dos buenos amigos ■

Tengo calor ■

Tengo un coche ■

Tengo sed ■

Tengo sueño ■

¡Tengo 10 años! ■

Presente

Tener

Yo	tengo	Nosotros/as	tenemos
Tú	tienes	Vosotros/as	tenéis
Él/ella	tiene	Ellos/ellas	tienen
Usted	tiene	Ustedes	tienen

El verbo *tener* sirve para:

- **Expresar posesión y pertenencia**
    - *Javier y Susana tienen una casa grande.*
    - *Carlos tiene un diccionario.*

- **Expresar sensaciones y sentimientos**
    - *Tengo hambre.*
    - *Tengo ilusión.*

- **Decir la edad**
    - *Javier tiene 18 años.*
    - *Y tú, ¿cuántos años tienes?*

7.2. 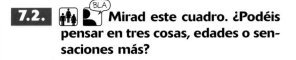 Mirad este cuadro. ¿Podéis pensar en tres cosas, edades o sensaciones más?

un teléfono móvil

televisión en color   calor

hambre   una hermana pequeña

más de 18 años   frío   gafas de sol

un bolígrafo rojo   un coche deportivo

7.3. Ahora pregunta a tus compañeros si tienen esas cosas, edad o sensaciones:

Ejemplo: *Oye, ¿tú tienes teléfono móvil?*

7.4. Pregunta a tus compañeros su edad y escribe una lista. ¿Quién es el mayor?, ¿y el más joven? Podéis también hacer una lista de las edades de vuestra familia.

8 Las profesiones

8.1. ¿Cuántas profesiones de las que aparecen en el cuadro conocéis?

☐ Filósofo	☐ Informático	☐ Dependiente
☐ Ingeniero	☐ Abogado	☐ Escritor
☐ Mecánico	☐ Economista	☐ Conductor
☐ Astronauta	☐ Administrativo	☐ Taxista
☐ Cartero	☐ Político	☐ Arquitecto

Podéis buscar en el diccionario las que no sabéis.

Presente

Trabajar en + lugar

Yo	trabaj**o**	Nosotros/as	trabaj**amos**
Tú	trabaj**as**	Vosotros/as	trabaj**áis**
Él/ella	trabaj**a**	Ellos/ellas	trabaj**an**
Usted	trabaj**a**	Ustedes	trabaj**an**

8.2. ◈ ● **Vamos a jugar a las profesiones.**

Repetimos 9

9.1. 👤 ✎ **Completa el cuadro:**

	Ser	Llamarse	Tener	Trabajar
Yo	soy			trabajo
Tú			tienes	
Él, ella, usted		se llama		
Nosotros/as			tenemos	
Vosotros/as	sois			
Ellos, ellas, ustedes				trabajan

¿Qué tal? 10

10.1. 👤 🎧 **Escucha los dos diálogos y completa:**
[4]

A
▷ *Hola, Álvaro, ¿qué tal?*
► *Bien. Mira, esta es Teresa.*
▷ *Hola, ¿..............................?*
► *Bien, ¿y tú?*
▷ *Bien, bien. Bueno, hasta luego.*

B
► *.............................., Sr. López, ¿qué tal está?*
▷ *Muy bien, gracias. Mire, le presento a la Srta. Alberti.*
► *Encantado.*
▷ *Mucho gusto.*

10.2. 👤 ✎ **Elige la opción correcta:**

Diálogo A	☐ En el trabajo	☐ Entre amigos
Diálogo B	☐ En el trabajo	☐ Entre amigos

NIVEL A1. **COMIENZA**

20

10.3. Completa el cuadro con las expresiones de los diálogos:

Informal

• Para saludar

– ....

– Hola, ¿cómo estás?

• Para presentar a alguien

– .... + nombre

• Para responder a un saludo

► Hola.

▷ ....

► Bien, ¿y tú?

▷ ....

• Para despedirse

– Adiós

– .... /pronto/mañana

Formal

• Para saludar

– Buenos días,
– Buenas tardes, } Sr. } ....
– Buenas noches, } Sra. }

• Para presentar a alguien

– Le .... { al Sr.
a la Sra. } (nombre) + apellido
a la Srta. }

• Para responder a una presentación

– ....

– ....

Para despedirse

– Adiós

– .... /pronto/mañana

Presentarse formal e informalmente

• **Informal**

► *Hola, ¿qué tal? Soy* + nombre.

▷ *Hola, (yo) soy* + nombre.

• **Formal**

► *Hola, ¿qué tal? Soy* + nombre + apellido.

▷ *Mucho gusto, encantado/a.*

► *Igualmente (mucho gusto).*

Presentar a alguien formal e informalmente

• **Informal**

► *Mira, este es Paco.*

▷ *Hola, yo soy Ana.*

► *Hola, ¿qué tal?*

A *Mira,* | *este/a es*
estos/as son | + nombre(s).

B *Hola, ¿qué tal?*

• **Formal**

► *Mire, le presento al señor Torres.*

▷ *Mucho gusto, encantada.*

► *Igualmente (mucho gusto).*

A *Mire, le presento al señor/a la señora* + apellido.

B *Mucho gusto, encantado/a.*

C *Igualmente (mucho gusto).*

10.4. **Preséntate a tu compañero con una falsa identidad y después completa el cuadro con sus datos.**

Nombre de tu compañero:	
Nacionalidad:	
Profesión:	
Lugar de trabajo:	
Edad:	

BLA

Ahora, presenta a tu compañero a la clase.

11.1. Marca las letras que escuches:
[5]

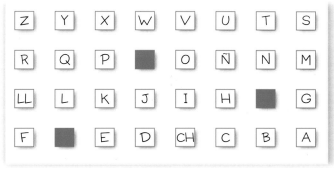

Z	Y	X	W	V	U	T	S
R	Q	P	■	O	Ñ	N	M
LL	L	K	J	I	H	■	G
F	■	E	D	CH	C	B	A

11.2. Escucha:
[6]

Letras y sonidos en español

B / V	**B**ienvenida, **v**estido, **v**aca, **b**alón
LL / Y	**Ll**ave, **ll**egada, chi**ll**ido, **ll**orar, **ll**uvia, **y**a, a**y**er, **y**in, **y**ogur, **y**uca
C + e,i Z + a, o, u	**C**erveza, **c**igarro, **z**apato, **z**orro, **z**umo
J + a, e, i, o, u G + e, i	**J**amón, **j**efe, **j**irafa, **j**oven, **j**ueves, **g**eneral, **g**inebra
G + a, o, u Gu + e, i	**G**ato, **gu**erra, **gu**itarra, **g**ordo, **g**uante
C + a, o, u Qu + e, i K + a, e, i, o,u	**C**asa, **c**osa, **c**uchara, **qu**eso, **qu**into, **k**árate, **k**éfir, **k**ilómetro, **k**oala, **k**uwaití

11.3. Escucha e identifica las palabras:
[7]

quinto	Guinea
café	Francia
agua	sueco
cuántos	España
México	catalán
tango	gallego
Suiza	ingeniero
¿qué tal?	cinco

11.4. Escucha y escribe según el modelo:
[8]

Ejemplo: ☐Q☐U☐eso

1. fran☐és
2. portu☐☐és
3. Bél☐ica
4. sue☐as
5. Mé☐ico
6. on☐e
7. ☐uatro

8. de☐ir
9. ☐arabe
10. ☐amón
11. ☐igarro
12. ☐apato
13. ☐ueves
14. ☐uante

11.5. 🧑 🎧 **Primero lee, después escucha y relaciona:**
[9]

1	Alí y Nadia	•	• a son de Egipto.
2	María José tiene	•	• b es Pietro?
3	Carlos y Ana	•	• c somos informáticos.
4	¿De dónde	•	• d estadounidense?
5	Juan y yo	•	• e argentino.
6	¿Eres	•	• f 46 años.
7	Se llama Jordi,	•	• g son profesores.
8	Estos estudiantes	•	• h en el centro de Madrid?
9	El tango es	•	• i es catalán.
10	¿Vivís	•	• j son rumanos.

12 Escucha

■■■■■■■■■■■■■■■■■■■■■■■■■■■■■■■■■■■■■

12.1. 🧑 🎧 **Escucha:**
[10]

1.
▷ Me llamo Maika y vivo en Valencia.
▶ *Más alto, por favor.*

4.
▷ Cua-der-no *¿Está bien así?*
▶ Sí, muy bien.

2.
▷ *¿Cómo se escribe tu nombre?*
▶ Eme, a, i, ka, a.

5.
▷ ¿Cómo te llamas?
▶ *¿Puedes repetir, por favor?*
▷ Que cómo te llamas.

3.
▷ Soy español de Sevilla.
▶ *Más despacio, por favor.*

6.
▷ *¿Cómo se dice* hello *en español?*
▶ *Hola*, se dice *hola*.

12.2. 🎧 **Escucha y reacciona con una expresión de supervivencia.**
[11]

AUTOEVALUACIÓN

AUTOEVALUACIÓN   AUTOEVALUACIÓN   AUTOEVALUACIÓN

1. ¿Qué letras corresponden a sonidos diferentes en tu lengua? ¿Hay alguna letra que no exista?

A   C   CH   E   G   I   J   LL   Ñ   R   U   V   Z

2. Señala qué información puedes dar ya en español.

☐ Tu nombre   ☐ Tu profesión   ☐ Tu edad   ☐ Saludar y despedirte   ☐ Contar   ☐ Deletrear

3. Escribe diez palabras que has aprendido en clase.

4. ¿El español es fácil o difícil? ¿Es similar a tu lengua? ¿Qué palabras son similares?

AUTOEVALUACIÓN   AUTOEVALUACIÓN   AUTOEVALUACIÓN

Unidad 2

Funciones comunicativas
- Preguntar y decir la dirección
- Pedir y dar información espacial: ubicar cosas y personas
- Describir objetos y lugares

Contenidos gramaticales
- Presentes regulares: *-ar/-er/-ir*
- Usos *tú/usted*
- Género y número en los sustantivos y adjetivos
- Uso de artículo determinado e indeterminado. Presencia y ausencia
- Interrogativos: *¿Dónde/Qué/Quién?*
- Contraste *hay/está-n*
- Locuciones prepositivas

Contenidos léxicos
- Objetos de clase, de escritorio y personales
- Los colores
- Léxico relacionado con las direcciones
- La casa: distribución y mobiliario

1 La clase

1.1. Aquí tienes palabras relacionadas con objetos de la clase y personales. Con tu compañero, buscad los objetos y nombradlos.

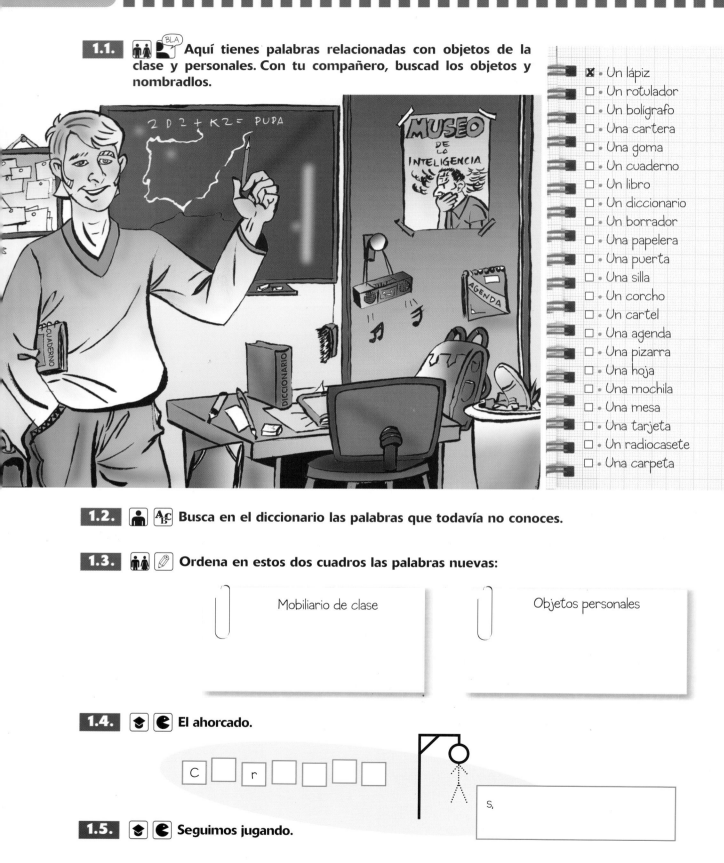

- ☒ • Un lápiz
- ☐ • Un rotulador
- ☐ • Un bolígrafo
- ☐ • Una cartera
- ☐ • Una goma
- ☐ • Un cuaderno
- ☐ • Un libro
- ☐ • Un diccionario
- ☐ • Un borrador
- ☐ • Una papelera
- ☐ • Una puerta
- ☐ • Una silla
- ☐ • Un corcho
- ☐ • Un cartel
- ☐ • Una agenda
- ☐ • Una pizarra
- ☐ • Una hoja
- ☐ • Una mochila
- ☐ • Una mesa
- ☐ • Una tarjeta
- ☐ • Un radiocasete
- ☐ • Una carpeta

1.2. Busca en el diccionario las palabras que todavía no conoces.

1.3. Ordena en estos dos cuadros las palabras nuevas:

Mobiliario de clase

Objetos personales

1.4. El ahorcado.

C ☐ r ☐ ☐ ☐

S,

1.5. Seguimos jugando.

2.1. Escribe las palabras adecuadas debajo de los dibujos correspondientes:

> Escribir • Tirar • Beber • Escuchar • Borrar • Mirar • Meter en
> Buscar • Abrir • Leer • Hablar • Completar • Comprender

2.2. Ahora, clasifica los verbos según su terminación:

En español los verbos terminan en:

-ar, tirar

-er, leer

-ir, abrir

-ar

-er

-ir

2.3. 📝 **Completa el cuadro. Te damos todas las formas:**

leo • hablas • lee • habláis • leen • abre • habla • abrimos • abrís

	habl**ar**	le**er**	abr**ir**
Yo	hablo		abro
Tú		lees	abres
Usted	habla	lee	
Él, ella			abre
Nosotros/as	hablamos	leemos	
Vosotros/as		leéis	
Ustedes	hablan	leen	abren
Ellos, ellas	hablan		abren

2.4. 🎓 **Ahora comprueba.**

2.5. 📝 **Relaciona los verbos del ejercicio 2.2. con las palabras del cuadro del ejercicio 1.1. y haz frases.**

Ejemplo: Escribir + bolígrafo *El bolígrafo escribe bien.*

2.6. 📢 **Relaciona los verbos con los dibujos:**

- **1** Luis escucha la cinta.
- **2** Leéis los ejercicios.
- **3** Hablamos todos juntos.
- **4** Pregunto al profesor.
- **5** Los estudiantes escriben en el cuaderno.
- **6** Jugamos.
- **7** Trabajas con tu compañero.
- **8** Aprendéis gramática.

3 Tú o usted

3.1. 📖 **Lee:**

Usamos **tú** con amigos y familia. Es informal.

Usamos **usted / ustedes** con gente que no conocemos, o en el trabajo, con superiores. Es formal.

3.2. 🧍 🎧 **Escucha los diálogos y clasifíca-**
[12] **los en formal e informal:**

	formal	informal
diálogo 1	☐	☐
diálogo 2	☐	☐
diálogo 3	☐	☐
diálogo 4	☐	☐

El **género** y el **número** 4

4.1. 🧍🧍 🔤 **Busca estas palabras en el diccionario y di si son masculinas o femeninas:**

	Masc.	Fem.		Masc.	Fem.		Masc.	Fem.
1. cartel	☐	☐	6. día	☐	☐	11. bolígrafo	☐	☐
2. mapa	☐	☐	7. madre	☐	☐	12. problema	☐	☐
3. carpeta	☐	☐	8. libro	☐	☐	13. calle	☐	☐
4. garaje	☐	☐	9. cuaderno	☐	☐	14. tema	☐	☐
5. pizarra	☐	☐	10. mano	☐	☐	15. lección	☐	☐

4.2. 🧍 ✏️ **Relaciona las palabras de las columnas:**

1	Un libro	●
2	Una carpeta	●
3	Unos cuadernos	●
4	Unas pizarras	●

●	a	roja
●	b	morados
●	c	rojo
●	d	negras

4.3. 🧍 📖 **Lee:**

El mar es **azul**.

Los árboles son **verdes**.

Las nubes son blancas.

Los tomates son rojos

Los plátanos son amarillos.

La noche es **negra**.

El humo es **gris**.

4.4.  ✐ **¿De qué color son estas cosas?**

Ejemplo: *La copa es azul.*   **1.** _____   **2.** _____

3. _____   **4.** _____   **5.** _____

4.5. 👤 [A¢B] **Veo, veo, una cosita de color, color...** (puedes usar tu diccionario).

1	El algodón	•	• **a**	roj ☐
2	La sangre	•	• **b**	blanc ☐
3	El agua	•	• **c**	marrón
4	El petróleo	•	• **d**	negr ☐
5	La madera	•	• **e**	verde
6	El maíz	•	• **f**	azul
7	El cielo	•	• **g**	amarill ☐
8	El chocolate	•	• **h**	transparente
9	La leche	•		
10	Un tomate	•		

4.6. 👥 🗨(BLA) **Ahora, compara con tu compañero. Usa tu imaginación: ¿De qué color es...?**
el amor/ la guerra/ la alegría/ la tristeza.

Para dar tu opinión usa: *Para mí, es...*

Ejemplo: ▷ *¿De qué color es el amor?*
 ► *Para mí, es blanco. La inocencia.*
 ▷ *Pues, para mí, es rojo. La pasión.*

	masculino	femenino
singular	El libro **blanco**	La casa **blanca**
	El libro **grande**	La casa **grande**
	El libro **azul**	La casa **azul**
plural	Los libros **blancos**	Las casas **blancas**
	Los libros **grandes**	Las casas **grandes**
	Los libros **azules**	Las casas **azules**

4.7. 🖉 🎧 **Escucha las palabras y escríbelas en la columna correspondiente.**
[13]

masculino	femenino

4.8. 👤 🖉 **Completa el texto con las palabras del cuadro.**

negra • alto • rojas • grande • extraño • antiguos • oscuras

En **la** clase 34 hay **una** mesa (1)................ para **el** profesor. Hay sillas (2)................, **una** pizarra (3)................ y **un** mapamundi. En **la** clase 34 hay diecisiete estudiantes. **Los** estudiantes ahora no están en clase, porque son **las** 7 de la mañana. **Un** hombre (4)................, (5)................ y con gafas (6)................ entra en la clase. **El** hombre está nervioso. Busca algo. Coge **unos** libros (7)................ de la librería y **unas** carpetas de plástico y sale deprisa...

4.9. 👤 🖉 **Ahora, con las palabras resaltadas, completa el cuadro:**

EL ARTÍCULO

	Masculino	Femenino
Singular	.... /	la / ....
Plural	.... / unos	.... / unas

Los artículos determinados **el/la/los/las** sirven para identificar y hablar de un objeto o ser que conocemos o del que ya hemos hablado.

— *Los estudiantes de mi grupo son simpáticos.*

Los artículos indeterminados **un/una/unos/unas** sirven para hablar de un objeto o ser por primera vez o cuando no queremos especificar.

— *En la clase hay una estudiante que se llama Paula.*

4.10. 👤 🖉 **Completa el texto con el artículo** *un, una, unos, unas.*

En la clase 117 hay (1)................ profesora que tiene (2)................ bolígrafo en (3)................ mano, y corrige (4)................ ejercicios de Gramática.

(5)................ estudiante tiene (6)................ problema con los artículos: (7)................, (8)................, (9)................ y (10)................ La profesora le dice: "Fíjate", (11)................ bolígrafo, (12)................ carpeta, (13)................ hojas y (14)................ libros.

5 ¿Dónde vives?

5.1. Relaciona:

1 Sr.	a primero
2 1°	b señor
3 Sra.	c quinto
4 C/	d remitente
5 Pza.	e número
6 izda.	f derecha
7 5°	g cuarto
8 @	h arroba
9 P.°	i avenida
10 Avda.	j plaza
11 4°	k calle
12 n.°	l segundo
13 3°	m señora
14 Rte.	n tercero
15 2°	ñ paseo
16 dcha.	o izquierda

5.2. Lee:

Luis del Bosque Encantado
C/ Las Flores, n.° 4, 1° A
28015 Madrid

Mónica Nerea Perea
Pza. Cervantes, n.° 20, 5° izda.
47003 Valladolid

Eva Ramírez
Profesora de español

Avda. Parnaso, 15, 4° dcha.
01005 Vitoria

Página 1

De: Charles Gates <cgates007@mixmail.com>
Para: Laura Toms <spanish@academico.es>
Fecha: jueves 14 octubre 2002 14:27

Hola, Laura, ¿qué tal?

5.3. Responde ahora a estas preguntas:

1. ¿Dónde vive Luis del Bosque Encantado?
2. ¿En qué dirección vive Mónica?
3. ¿En qué número vive Eva?
4. ¿Quién escribe el e-mail? Escribe su dirección.
5. ¿Qué dirección de correo electrónico tiene Laura?

5.4. Relaciona:

1 ¿Quién escribe la carta?	a En la C/ Sagasta
2 ¿En qué calle vive Juan?	b En Barcelona
3 ¿Dónde viven tus padres?	c Adolfo Fernández Ríos
4 ¿Qué dirección de e-mail tiene tu profesor?	d coso3@hotmail.com

Preguntar y decir la dirección

– ¿**Dónde** + vivir?

– ¿**En qué** + calle/número/piso?

– Vivir **en**...

- Para preguntar por un lugar usamos ¿**Dónde...**?

  ¿Dónde vives?

- Para preguntar por la identidad de cosas, acciones, palabras, etc., usamos ¿**Qué...**?

  ¿Qué dirección de e-mail tienes?

- Para preguntar por una persona usamos ¿**Quién...**?

  ¿Quién eres?

5.5.  Escribe la información que tienes de Eva:

5.6. Ahora, pregunta a tu compañero su dirección en España y escríbela en el sobre. Escribe también tu remite en España.

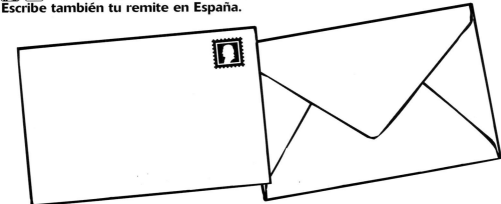

Michifú y la pecera
¿Dónde está Michifú? **6**

Michifú está delante de la pecera.

Michifú está detrás de la pecera.

Michifú está encima de la pecera.

Michifú está debajo de la pecera.

Michifú está cerca de la pecera.

Michifú está lejos de la pecera.

CONTINÚA ····▶

Michifú está dentro de la pecera.

Michifú está fuera de la pecera.

Michifú está al lado de la pecera.

Michifú está entre la pecera y el reloj.

Michifú está a la izquierda de la pecera.

Michifú está a la derecha de la pecera.

> **de + el = del**
> *El gato está delante **del** reloj.*
>
> **a + el = al**
> *El gato está **al** lado de la pecera.*

6.1. 👥 ✎ **Completa con las letras que faltan:**

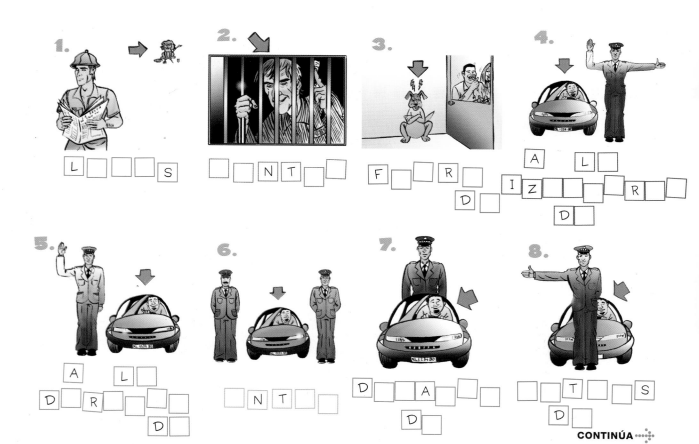

1. L □ □ □ S

2. □ □ N T □ □ □

3. F □ □ R □ □
   D □ □

4. A □ □ L □
   □ I Z □ □ □ □ R □ □
   □ D □

5. A □ □ L □
   D □ R □ □ □ □
   □ □ D □

6. □ □ N T □ □

7. D □ A □ □ □
   □ D □

8. □ □ □ T □ □ S
   □ D □

CONTINÚA ·····

9. **10.** **11.** **12.**

| | | B | | J | | | E | | | I | | A | | A | | L | | | | C | | C | |
| | D | | | | | | | | D | | | | | | D | | | | | | | | D | | |

6.2. 👥 ✏️ **Relaciona la palabra con el objeto:**

- La alfombra
- La cajonera
- La silla
- El teclado
- El ordenador
- La lámpara
- El reloj
- El ratón
- El escritorio

6.2.1 👥 💬 **Con tu compañero, sitúa los objetos del dibujo.**

Ejemplo: *La alfombra está debajo de la mesa.*

6.3. 👤 📖 **Lee:**

Mi habitación favorita es el estudio. Es una habitación amplia y luminosa. En el suelo **hay** una alfombra turca. Tengo una mesa grande de madera. La ventana **está** a la derecha de la mesa. Encima de la mesa siempre **hay** muchas cosas: papeles, bolígrafos, revistas, libros. Los periódicos **están** siempre en la cajonera. El ordenador **está** en un mueble especial, a la izquierda de la mesa. Al lado del ordenador **hay** una librería y cerca de la librería, exactamente entre la librería y la puerta, **hay** una planta verde y enorme.

6.3.1. 👥 ✏️ **Con tu compañero, dibuja el plano del estudio.**

6.3.2. 👥 ✏️ **Escribe en la tabla la forma verbal adecuada y busca los ejemplos en el texto 6.3.**

están • hay • está

1	2	3
⊚ Se usa para hablar de la existencia de algo o de alguien.	⊚ Se usa para localizar o situar una cosa o a una persona en un lugar.	⊚ Se usa para localizar o situar varias cosas o a varias personas en un lugar.
⊚ Habla de una cosa o de una persona desconocida.	⊚ Se usa: **el/la** + nombre + verbo.	⊚ Se usa: **los/las** + nombre + verbo.
⊚ Se usa: verbo + **un/una** + nombre.	⊚ Se refiere solo a una cosa en singular o a una persona.	⊚ Se refiere a cosas o personas en plural.
⊚ Cuando la palabra es plural no lleva artículo generalmente: verbo + palabra en plural.		
⊚ Tiene una sola forma para singular y plural.		
Ejemplos:	**Ejemplos:**	**Ejemplos:**

6.4. 👥 ✏️ **Con tu compañero, escribe cinco cosas que hay en tu clase y cinco que no hay.**

Ejemplo: *En la clase hay una pizarra, pero no hay vídeos musicales.*

6.4.1. 👤 ✏️ **Ahora, escribe dónde están las cosas que hay.**

Ejemplo: *La pizarra está detrás de la mesa del profesor.*

7.1. Aquí tienes cuatro habitaciones de una casa. Señala cuál es la cocina, el salón, el dormitorio y el cuarto de baño.

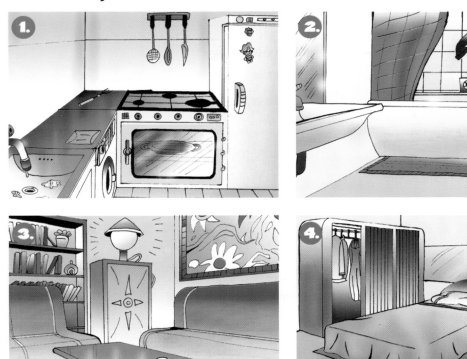

7.2. Con tu compañero clasifica las palabras por habitaciones. Puedes usar el diccionario.

sofá • lavadora • cama • lavabo • bañera • sillón
mesilla de noche • inodoro • almohada • pila • frigorífico

Salón	Cocina	Dormitorio	Cuarto de baño

7.2.1. Piensa en una cosa que hay en las habitaciones de los dibujos. Tus compañeros te hacen preguntas hasta adivinar qué es. Solo puedes decir, sí o no.

Ejemplo: ▷ ¿Está en el baño?
       ▶ Sí.
       ▷ ¿Está al lado del lavabo?
       ▶ No.

7.3. 👤 🎧 **Ahora, clasifica las palabras que escuches. Algunas las puedes clasificar en más**
[14] **de un apartado.**

Salón	Dormitorio	Baño	Cocina	Estudio

7.4. 👤 🎧 **Escucha esta canción titulada** *Nuestro cuarto* **y marca con un círculo los nombres**
[15] **de los muebles y objetos que escuches.**

- cama
- ventana
- armario
- cuadro
- sofá

- mesilla
- cómoda
- lámpara
- alfombra
- espejo

7.5. 🎓 🟢 **Veo, veo.**

8 Repetimos

■■■■■■■■■■■■■■■■■■■■■■■■■■■■■■■■■■■■■■■

8.1. 🎓 **Buscando al compañero de piso ideal.**

8.2. 🎧 **Señala con una ✗ la frase que escuches:**
[16]

1. Vives en una casa grande.

2. ¿Vives en una casa grande?

3. La escuela está cerca del metro.

4. ¿La escuela está cerca del metro?

5. No tienes diccionario.

6. ¿No tienes diccionario?

7. Está a la derecha del armario.

8. ¿Está a la derecha del armario?

9. Tenemos muchos ejercicios para casa.

10. ¿Tenemos muchos ejercicios para casa?

11. Son alemanes.

12. ¿Son alemanes?

13. Tienes un bolígrafo azul.

14. ¿Tienes un bolígrafo azul?

AUTOEVALUACIÓN

AUTOEVALUACIÓN   AUTOEVALUACIÓN   AUTOEVALUACIÓN

1. Relaciona: Colores • La casa • La clase

Goma   Pizarra

Libro   Bolígrafo

Carpeta   Lápiz

Cuaderno

Espejo   Cama

Bañera   Sillón

Sofá   Horno

Dormitorio

Amarillo

Rojo   Negro

Morado

Azul   Verde

Es más fácil aprender palabras si las relacionas y las agrupas.

2. Tengo problemas con:

☐ Hay, está/están   ☐ Los cambios de género y número: *El cartel rojo, los carteles rojos*

Las palabras, porque:

☐ No las comprendo   ☐ Necesito el diccionario constantemente   ☐ No puedo pronunciarlas

☐ No puedo recordarlas. Son difíciles   ☐ Son muchas palabras nuevas

Unidad 3

Funciones comunicativas
- Describir personas
- Expresar posesión
- Describir prendas de vestir

Contenidos gramaticales
- Adjetivos calificativos
- Adjetivos y pronombres posesivos
- *Ser, tener, llevar*
- Concordancia adjetivo-sustantivo

Contenidos léxicos
- La familia
- La ropa
- El aspecto físico

1 ¿Cómo es…?

1.1.  Lee:

Se llama Felipe. Es joven, alto, delgado y atractivo. Felipe tiene los ojos claros y grandes. Tiene el pelo corto. Es simpático, sencillo y agradable.

1.2. Subraya los verbos del texto.

1.3. Completa el cuadro:

Cuando decimos cómo es una persona, usamos **ser + adjetivo** y **tener + nombre**.
Ejemplo:
Es alto.
Tiene los ojos claros.

Es	Tiene
Es joven.	Tiene los ojos claros.

1.4. Relaciona:

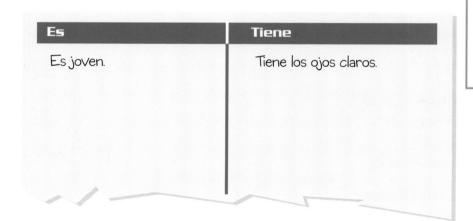

1	Es alto	a	No tiene pelo
2	Es calvo	b	Pesa 112 kilos
3	Es gordo	c	Tiene 18 años
4	Es joven	d	Juega al baloncesto

1.5. 👤✏️ **Completa con las palabras del cuadro.**

> calvo • fuertes • altas • morena • jóvenes • rubio • gordos

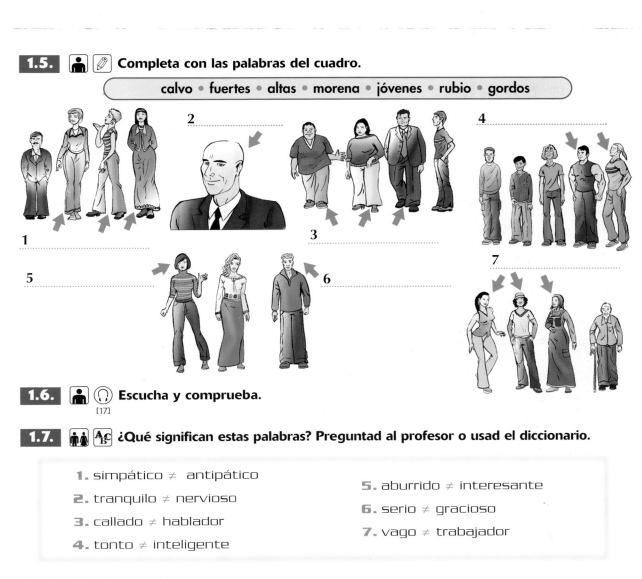

2 ....

4 ....

1 ....

3 ....

7 ....

5 ....

6 ....

1.6. 👤🎧 **Escucha y comprueba.**
[17]

1.7. 👥🔤 **¿Qué significan estas palabras? Preguntad al profesor o usad el diccionario.**

1. simpático ≠ antipático

2. tranquilo ≠ nervioso

3. callado ≠ hablador

4. tonto ≠ inteligente

5. aburrido ≠ interesante

6. serio ≠ gracioso

7. vago ≠ trabajador

1.8. 👤📖 **Lee:**

Tiene barba

Tiene bigote

Tiene los ojos verdes

Tiene el pelo liso

Tiene el pelo corto

1.9. 👥💬 **Piensa en una persona de la clase y di cómo es físicamente y qué carácter tiene, sin decir su nombre. Tus compañeros van a adivinar quién es.**

Es:	Es:	Tiene los ojos:	Tiene el pelo:
☐ Moreno	☐ Simpático	☐ Oscuros	☐ Liso
☐ Fuerte	☐ Serio	☐ Verdes	☐ Rizado
☐ Alto	☐ Hablador	☐ Grandes	☐ Largo
☐	☐	☐	☐ ....

2 La familia

2.1. [Ac] [✏] **¿Recuerdas a Felipe? Esta es su familia.**

Iñaki   Sofía   Juan Carlos
   Cristina   Felipe   Elena   Jaime

La familia de Felipe es grande. Su **madre** se llama Sofía y su **padre** Juan Carlos. Felipe tiene dos **hermanas**: Elena y Cristina. El **marido** de Elena se llama Jaime. Elena y Jaime tienen dos **hijos**. Su **hijo** mayor se llama Froilán y su **hija** pequeña Victoria. Cristina también está casada. Cristina es la **mujer** de Iñaki. Iñaki y Cristina tienen tres **hijos**. Su **hijo** mayor se llama Juan, el segundo Pablo y el pequeño Miguel. Froilán y Juan son **nietos** de Sofía y Juan Carlos, así que Sofía y Juan Carlos son los **abuelos** de Froilán y Juan. Felipe quiere mucho a sus **sobrinos**, los hijos de Elena y Cristina. Además, Felipe es el **tío** favorito de Froilán y Juan.

2.2 [👥] [✏] **Con tu compañero, completa el árbol genealógico de la Familia Real española.**

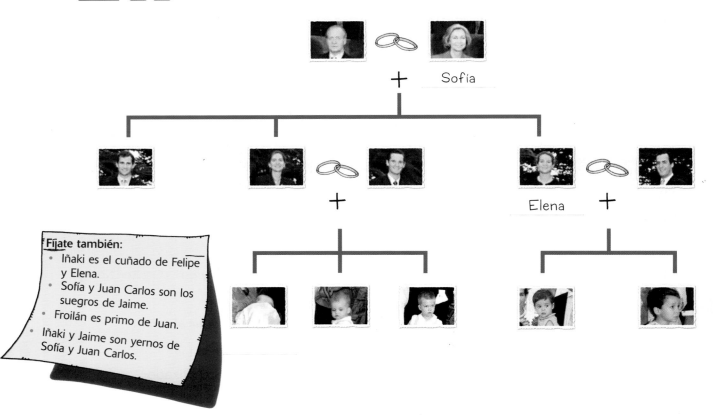

Fíjate también:
- Iñaki es el cuñado de Felipe y Elena.
- Sofía y Juan Carlos son los suegros de Jaime.
- Froilán es primo de Juan.
- Iñaki y Jaime son yernos de Sofía y Juan Carlos.

2.3. [◆] [C] **¿Quién es? Vamos a jugar con los miembros de la Familia Real.**

3.1.  Lee con atención:

> Mi familia, mi sombrero, mis cuadernos, mis cosas...

> Mi familia es tu familia, mis llaves son tus llaves, mi boligrafo es tu boligrafo, mis fuegos artificiales son tus fuegos artificiales...

> Mi familia es vuestra familia, mi mayordomo es vuestro mayordomo, mis cosas son vuestras cosas, mis amigos son vuestros amigos...

EL EGOCÉNTRICO

EL ENAMORADO

EL SOLIDARIO

3.2. Ayúdanos a completar el cuadro:

Los adjetivos posesivos

Tener una cosa		Tener dos o más cosas	
masculino	**femenino**	**masculino**	**femenino**
	Mi casa	**Mis** coches	**Mis** casas
Tu coche		**Tus** coches	
Su coche	**Su** casa	**Sus** coches	**Sus** casas
Nuestro coche			**Nuestras** casas
	Vuestra casa	**Vuestros** coches	
Su coche		**Sus** coches	**Sus** casas

> En español el adjetivo posesivo *(mi, tu, su...)* tiene el mismo género y el mismo número que el objeto poseído:
>
> *El* coche ➜ **nuestro** coche.
>
> *Las* vacas ➜ **nuestras** vacas.

3.3. 🧑✏️ **Antes de leer, responde a estas preguntas. Después, lee el texto y comprueba tus respuestas.**

Antes de leer		Después de leer
1.	¿Cómo se llaman los padres de Boy?	1.
2.	¿Dónde vive la familia Tarzán?	2.
3.	¿Cómo es Tarzán?	3.
4.	¿Cómo es Jane?	4.
5.	¿Por qué no lleva pantalones el padre de Boy?	5.
6.	¿Qué toma la familia Tarzán en el desayuno?	6.

3.3.1. 🧑📖 **Lee y escribe la información. Después comprueba tus respuestas.**

Mi padre se llama Tarzán y mi madre es Jane. Mi nombre es Boy. Vivimos los tres en África. Mi padre es muy fuerte y mi madre muy buena. Mi padre no lleva pantalones porque hace calor. A nosotros nos gustan mucho los animales. Todos los días desayunamos fruta, mi mamá dice que es muy buena para la salud. Mi padre trabaja de..., bueno, él cuida la selva. Es ecologista y no le gusta la gente que corta árboles y mata animales. Y, bueno, no sé qué más contar.

3.4. 🧑✏️ **Haz lo mismo y escribe sobre tu familia.**

3.5. 🧑🎧 **Vas a escuchar a dos personas hablando de alguien. Marca el dibujo al que**
[18] **corresponde la descripción.**

a.

b.

c.
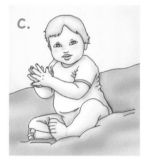

3.5.1. ✏️🎧 **Ahora, vuelve a escuchar y toma notas sobre la descripción.**
[18]

Es:

Tiene:

3.6.  Con una foto de tu familia o de algún amigo, describe cómo es o cómo son.

¿Cómo son tus hijos?

Mira, esta es mi hija Amalia. Es médica, joven, morena y muy inteligente. Ahora, trabaja en Alemania. Y este tan fuerte, alto y musculoso es mi hijo. Se llama Luis. Ahora, trabaja en un rancho, pero quiere ser actor. ¿Verdad que son muy majos los dos?

La **ropa** 4

4.1. Escribe el precio en la etiqueta:

- La **falda** cuesta 20 euros con 15.
- Los **pantalones** cuestan 100 euros.
- Las **gafas** cuestan 30 euros.
- La **camiseta** son 12 euros con 20.
- El **vestido** cuesta 50 euros.

- La **chaqueta** cuesta 85 euros.
- Las **sandalias** cuestan 15 euros.
- El **cinturón** de piel son 22 euros.
- El **biquini** cuesta 18 euros con 50.
- Los **calcetines** cuestan 8 euros con 75.

Ejemplo:

20,15 €

4.2. [19] **Julián y Rosario son muy desordenados. Hoy hacen limpieza y recogen su ropa. Escucha y marca con 1 las cosas de Julián y con 2 las de Rosario.**

El jersey azul.

Los pantalones vaqueros.

La ropa interior.

El abrigo de cuero.

Los calzoncillos.

La camisa de seda.

El pijama.

Los calcetines.

Los zapatos.

Los pronombres posesivos

Singular		Plural	
masculino	femenino	masculino	femenino
Es **mío**	Es **mía**	Son **míos**	Son **mías**
Es **tuyo**	Es **tuya**	Son **tuyos**	Son **tuyas**
Es **suyo**	Es **suya**	Son **suyos**	Son **suyas**
Es **nuestro**	Es **nuestra**	Son **nuestros**	Son **nuestras**
Es **vuestro**	Es **vuestra**	Son **vuestros**	Son **vuestras**
Es **suyo**	Es **suya**	Son **suyos**	Son **suyas**

- Para preguntar por el poseedor decimos:

  ► *¿De quién es esto?*

  Y la respuesta es con el posesivo:

  ▷ *Es mío.*

  O con **de + nombre** cuando hablamos de *él, ella, ellos, ellas*:

  ▷ *Es de Eduardo.*

4.3. **¿De quién es? Pregunta a tu compañero por el poseedor de las siguientes cosas:**

Ejemplo: ▷ *¿De quién es el oso?*
► *Es tuyo.*

Tú   Tu compañero   La niña   Yo

CONTINÚA ····

Pregunta a tu compañero por el poseedor de las siguientes cosas:

Tú

Pedro y Pili

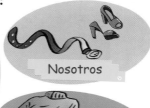

Nosotros

4.4. 👤 📖 **Lee:**

Señorita, por favor.

¿Sí...?

Mire, quiero esta chaqueta, pero es un poco estrecha. No es muy cómoda.

REB 100

Claro, es la talla 42. Usted necesita la 44. Un momento.

Uf, pero esta es verde... yo la quiero azul.

En azul solo tenemos las tallas 42 y 46. A ver la 46.

No, no. Es muy grande para mí. Fíjese, ¡qué mangas tan largas!

4.5. 👫 ✏️ **Buscad en el diálogo las palabras opuestas a:**

1. Incómoda ≠ _____

2. Cortas ≠ _____

3. Pequeña ≠ _____

4. Ancha ≠ _____

4.6. 👫 🗣️ BLA

Pregunta a tu compañero los colores de tu lista de ropa. Él tiene las fotos.

Usa: *¿De qué color es...? / ¿De qué color son...?*

	color
1. La falda	
2. La corbata	
3. Las botas	
4. La camisa	
5. El jersey	
6. El pantalón	

CONTINÚA ◄◄◄◄

NIVEL A1. **COMIENZA**

Pregunta a tu compañero los colores de tu lista de ropa. Él tiene las fotos.

Usa: *¿De qué color es...? / ¿De qué color son...?*

alumno b

	color
1. Las sandalias	
2. El bolso	
3. El biquini	
4. La camiseta	
5. El vestido	
6. El cinturón	

4.7. [20] **Vas a escuchar cinco informaciones sobre cinco tipos de ropa. ¿De qué prenda hablan?**

A
- ☐ Una falda
- ☐ Unas sandalias
- ☐ Un pantalón

B
- ☐ Una corbata
- ☐ Un jersey
- ☐ Unos zapatos

C
- ☐ Un traje
- ☐ Unas mochilas
- ☐ Unos calzoncillos

D
- ☐ Unas camisetas
- ☐ Una chaqueta
- ☐ Una falda

E
- ☐ Una bufanda
- ☐ Unos calcetines
- ☐ Un vestido

4.8. **Piensa en tres prendas de ropa básicas para ti. Tus compañeros, mediante preguntas, las van a adivinar y después vas a explicar por qué son importantes para ti.**

4.9. **Con tu compañero, reconstruye el diálogo.**

1. ¿Qué talla tiene?
2. Buenos días.
3. Quería una falda para mi madre.
4. Una 42, pero ahora está un poco más delgada... no sé.
5. 40 euros.
6. Buenos días, señora, ¿en qué puedo ayudarla?
7. ¿Esta?
8. Pues no sé, fácil de combinar, azul o negro.
9. Muy bien. ¿Cuánto es?
10. Sí, esta es perfecta. Si hay problemas, ¿puedo cambiarla?
11. Claro, con el ticket de compra.
12. Bueno, ¿y de qué color?

1. **Señora:** ....

2. **Dependienta:** ......

3. **Señora:** ....

4. **Dependienta:** ......

5. **Señora:** ....

6. **Dependienta:** ......

7. **Señora:** ....

8. **Dependienta:** ......

9. **Señora:** ....

10. **Dependienta:** ......

11. **Señora:** ....

12. **Dependienta:** ......

4.9.1. [21] **Escucha y comprueba.**

4.10. 🔲 🎧 **Escucha y responde a las preguntas.**
[22]

1. ¿En qué página de esta unidad están Eulalia y Roberto?

2. Para describir a personas usamos los verbos *ser* y *tener.* ¿Qué verbo usamos para describir la ropa y los complementos que usan?

4.10.1. 🔲 🎧 **Vuelve a escuchar y anota la información sobre Eulalia y Roberto, ¿cómo son?,**
[22] **¿qué ropa llevan?**

Eulalia	Roberto

4.10.2. 👥 🗨 **Completa los datos con tu compañero.**

4.11. 👥 🗨 **Mira las fotografías y di cómo son físicamente y qué ropa llevan.**

4.11.1. 👥 🗨 **Ahora, explica a tus compañeros cómo es el carácter de una de estas personas basándote en su aspecto físico y su ropa. Como no puedes estar completamente seguro, usa** *creo que / parece que...* **Tus compañeros tienen que adivinar de quién hablas.**

Ejemplo: ▷ *Creo que es una persona amable, tímida...*

4.12. 🧑 🎧 **Marca las palabras que escuches.**
[23]

	1. Calvo		9. Azul
	2. Cuatro		10. Cuello
	3. Chaqueta		11. Boca
	4. Zapato		12. Cinturón
	5. Zueco		13. Corto
	6. Camisa		14. Rizado
	7. Cero		15. Pequeño
	8. Cigarro		

En español la letra **"c"** tiene diferente pronunciación según la vocal que acompañe:

[k] c+a **ca**lvo   pero   qu+e **peque**ño
     c+o **co**rto   qu+i **tran**qui**l**o
     c+u **cu**rso

[θ] c+e **ce**ro   pero   z+a **ri**za**do**
     c+i **cin**co   z+o **zo**rro
                                z+u **zu**rdo

AUTOEVALUACIÓN

AUTOEVALUACIÓN   AUTOEVALUACIÓN   AUTOEVALUACI

1. Recuerda que para describir a una persona usamos:

- • Ser + adjetivo
- • Tener + nombre
- • Llevar + prenda de vestir

Puedes poner un ejemplo de cada uso:

- • ....
- • ....
- • ....

2. 🎧 Escucha y escribe en la columna correspondiente:
[24]

La ropa	La familia	El cuerpo

Recuerda que para aprender palabras mejor, hay que agruparlas y asociarlas.

3. En esta unidad hay muchas palabras nuevas. ¿Qué haces para aprenderlas?

☐ Escribo listas de palabras en mi cuaderno

☐ Repito mentalmente las palabras

☐ Intento aprender las más similares a mi lengua

☐ En tarjetas, escribo por un lado la palabra en español y por otro la traducción a mi lengua

4. Este libro es:

☐ Muy rápido   ☐ Fácil

☐ Aburrido   ☐ Difícil

☐ Interesante

5. En clase de español:

☐ Estoy bien

☐ Tengo que estudiar mucho

☐ No tengo suficientes ejercicios

AUTOEVALUACIÓN   AUTOEVALUACIÓN   AUTOEVALUACI

48 ■ [cuarenta y ocho]   UNIDAD **3**

Unidad 4

Funciones comunicativas
- Expresar necesidades, deseos y preferencias
- Pedir/dar información espacial

Contenidos gramaticales
- Uso de los comparativos: igualdad, superioridad e inferioridad con adjetivos
- Comparativos irregulares
- Verbos: *necesitar, querer, preferir* + infinitivo/sustantivo
- Preposiciones *en* y *a* con verbos de movimiento

Contenidos léxicos
- Transportes
- Establecimientos comerciales y de ocio

1 Los medios de transporte

1.1. Óscar no conoce Madrid muy bien, pero tiene que viajar. Como quiere ir a la estación de tren y prefiere el transporte público, pregunta a su amigo Paco.

1.1.1. Primero, con tu compañero lee estos diálogos y ordena las viñetas.

1.1.2. Ahora, escucha y comprueba.
[25]

1.2. Relaciona los nombres con los dibujos. A ver cuántos nombres de medios de transporte conoces.

el tren ○

el avión ○

el barco ○

la bicicleta ○

el coche ○

el autobús ○

1.2.1. ¿Puedes pensar en otros medios de transporte?

1.2.2. Pregunta a tu compañero.

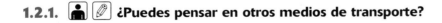

¿Cómo vas a la escuela?

☐ En metro   ☐ Andando   ☐ En bicicleta

☐ En autobús   ☐ En avión   ☐ A caballo

¿Cómo vas a casa de tus abuelos?

¿Cómo ....?

Ir

El verbo *ir* es irregular

Yo	**voy**	Nosotros/as	**vamos**
Tú	**vas**	Vosotros/as	**vais**
Él/ella/usted	**va**	Ellos/ellas/ustedes	**van**

- La dirección se marca con la preposición **a**:
    *Vamos **a** la playa.*
- El medio de transporte se marca con la preposición **en** (excepto: ***a** pie, **a** caballo*):
    *Voy **en** coche.*

1.2.3. 👥 ✏️ **Completa con el verbo *ir* + *a/en*.**

1. Mi padre y yo .... bicicleta.

2. Pedro .... siempre .... pie.

3. Cuando estoy en la finca, ... caballo.

4. ¿Cómo .... ustedes .... trabajar? ¿............... tren, ... autobús o .... pie?

5. ▶ ¿Dónde .... (tú)?
   ▷ .... la piscina.

1.3. 👥 🔤 **Mira la siguiente lista de adjetivos. Todos pueden relacionarse con medios de transporte. Busca en el diccionario o pregunta a tu compañero los significados que no conozcas y luego clasifícalos.**

- Ecológico
- Rápido
- Lento
- Limpio
- Caro
- Peligroso
- Divertido
- Cansado
- Práctico
- Interesante
- Seguro
- Cómodo
- Económico
- Puntual
- Contaminante
- Barato

Positivos

Negativos

1.4. 👥 💬 **Habla con tu compañero de las ventajas e inconvenientes de los medios de transporte.**

Ejemplo: *El avión es rápido, pero es muy contaminante.*

2 La comparación

2.1. 👫 📖 **Lee esta información. ¿Estás de acuerdo?**

> Yo prefiero viajar en barco porque es más seguro que el avión. También es más romántico. El problema es que el barco es más lento que el avión, pero como ahora estoy jubilado (ya no trabajo), pues no necesito llegar en pocas horas a mi destino.

Comparativos

Comparativos regulares

- **más** + adjetivo + **que**:

  *Viajar en avión es **más** caro **que** viajar en tren.*

- **menos** + adjetivo + **que**:

  *Ir en autobús es **menos** ecológico **que** en bicicleta.*

- **tan** + adjetivo + **como**:

  *Mi hermana es **tan** alta **como** tu hermana.*

Comparativos irregulares

- **bueno/a/os/as:**

  mejor/mejores + **que**

- **malo/a/os/as:**

  peor/peores + **que**

- **grande/s:**

  mayor/mayores + **que**

- **pequeño/a/os/as:**

  menor/menores + **que**

2.2. 👫 ✏️ **Compara los medios de transporte:**

Ejemplo: *Viajar en avión es **más** rápido **que** viajar en autobús.*

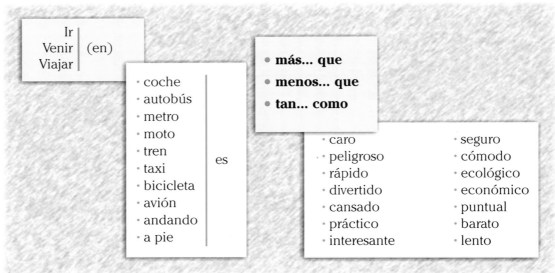

Ir / Venir / Viajar (en)	coche · autobús · metro · moto · tren · taxi · bicicleta · avión · andando · a pie	es

- **más... que**
- **menos... que**
- **tan... como**

- caro
- peligroso
- rápido
- divertido
- cansado
- práctico
- interesante

- seguro
- cómodo
- ecológico
- económico
- puntual
- barato
- lento

2.3. 👫 💬 **Ahora, cuéntale a tu compañero cuál es tu transporte favorito y por qué.**

Ejemplo: *Prefiero viajar en... porque...*

Prefiero el barco / tren porque...

Necesitar	Querer	Preferir
necesit**o**	quier**o**	prefier**o**
necesit**as**	quier**es**	prefier**es**
necesit**a**	quier**e**	prefier**e**
necesit**amos**	quer**emos**	prefer**imos**
necesit**áis**	quer**éis**	prefer**ís**
necesit**an**	quier**en**	prefier**en**

- Necesitar + **infinitivo**:
  Necesito ir a la estación.

- Necesitar + **sustantivo**:
  Necesito un abono de transporte.

- Querer + **infinitivo**:
  Quiero comprar una rosa.

- Querer + **sustantivo**:
  Quiero una rosa.

- Preferir + **infinitivo**:
  Prefiero comer pescado.

- Preferir + **sustantivo**:
  Prefiero pescado.

3.1. **A continuación, tienes una lista de "cosas" más o menos necesarias para viajar. ¿Puedes añadir tres más? Tu diccionario puede ayudarte.**

Pasaporte ✓
Dinero ✓
Tener vacaciones ✓
Comprar una guía ✓
Avisar a la familia ✓
Una maleta ✓
.... ✓
.... ✓
.... ✓

3.1.1. **Ahora, dile a tu compañero qué necesitas y qué no de esa lista. ¿Estáis de acuerdo? ¿Necesitáis lo mismo?**

Ejemplo: *Para viajar, yo necesito tener vacaciones, al menos dos o tres días. También necesito avisar a mi familia, pero normalmente no necesito pasaporte, porque viajo por mi país.*

Algo más sobre los transportes **4**

4.1. **Lee este texto y pregunta qué significa lo que no entiendes.**

El transporte en Madrid

El transporte en Madrid no es muy caro. Los billetes son más baratos si compras bonos de 10 viajes para el tren (bonotrén), bonos de 10 viajes para el metro y el autobús (metrobús) o un abono de transporte mensual para los tres tipos de transporte. Para el abono mensual necesitas presentar una solicitud con tus datos personales y una fotografía en un estanco. Con este abono puedes viajar en metro, autobús o tren de cercanías. Los abonos son más baratos si eres menor de 21 años (abono joven) o mayor de 65 años (abono tercera edad). También varía su precio según la zona. El abono es personal e intransferible. Para más información, puedes llamar al 012 o al 915 804 540.

4.1.1. 👤 ✏️ **Completa con la información del texto:**

Tipo de billete	Medio de transporte	Validez del billete

- Puedes tener descuentos (pagar menos dinero) en el abono mensual si:

    1. ....   2. ....

- Teléfonos de atención al usuario:

    a. ....   b. ....

4.2. 👤 ✏️ **Observa este billete:**

Travel Ocio

Número: 174623

Origen: Destino: Precio:

Fecha de salida: Hora: Coche: Plaza:

```
MADRID -
   Tipo de Billete:                    TRAYECTO IDA Y VUELTA
   I.V.A. Incluido
```

4.2.1. 👤 ✏️ **Lee este diálogo y completa los datos del billete que aparecen en blanco.**

(En la estación)

► *Hola, buenos días.*

► *Buenos días, dígame.*

► *Mire, necesito información sobre los trenes de Madrid a Valladolid.*

► *¿Para qué día?*

► *Para el 17 de septiembre.*

► *Hay un tren que sale a las 9:30 horas y llega a las 11:30 horas de la mañana.*

► *¿Hay alguno por la tarde?*

► *Sí, hay uno que sale a las 16:30 horas y llega a Valladolid a las 19:30 horas.*

► *Sí, ese es el que me interesa. ¿Puedo reservar una plaza?*

► *Sí, claro. ¿Ida y vuelta?*

► *Sí.*

► *Bien, este es el billete. Es el coche 13 y el asiento 35.*

► *¿Cuánto es?*

► *Son 9 euros con 50.*

► *Aquí tiene, muchas gracias.*

► *A usted.*

4.3. 👤 📖 **Lee el siguiente texto:**

El transporte en España

La mayoría de los españoles usa el coche para ir al trabajo. Sin embargo, en las grandes ciudades como Madrid y Barcelona, las personas utilizan los medios de transporte públicos (metro, autobús y trenes de cercanías). Así hay menos atascos en las carreteras y la gente llega antes a su destino. Son cuatro las ciudades con metro: Madrid, Barcelona, Valencia y Bilbao. En España hay muy pocas ciudades con carriles especiales para la bicicleta, solo en el País Vasco es frecuente ver a personas con la " bici " por las calles.

4.3.1. 🖼 ✏️ **Ahora escribe un pequeño texto acerca del transporte en tu país.**

4.4. 👤 ✏️ **Observa el plano del Metro de Madrid.**

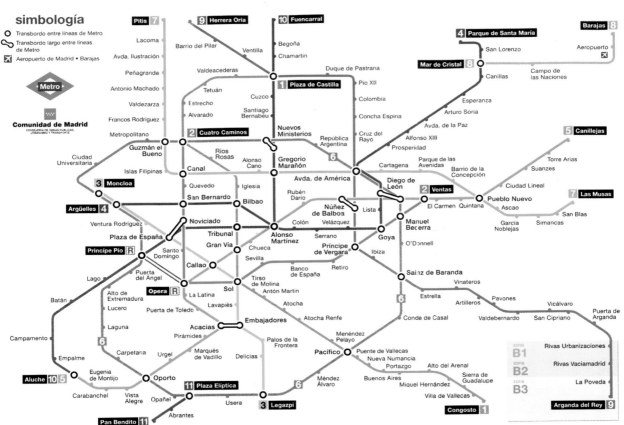

1. **¿Cuántas líneas hay?**

2. **¿De qué colores son?**
   La línea 1 es azul, la 2...

3. **Estás en el aeropuerto y quieres ir a Gran Vía, al centro, donde está tu hotel. Marca el camino que te recomendamos:**
   Coges la línea 8, la rosa, en **Aeropuerto** hasta **Mar de Cristal**. Allí haces transbordo a la línea 4, dirección **Argüelles**. Bajas en **Alonso Martínez** y coges la línea 5, dirección **Aluche**. **Gran Vía** es la segunda estación: **Chueca**, **Gran Vía**.

4.4.1. 👥 ✏️ **Escribe cómo puedes ir a estos lugares:**

a. Estás en la estación de **Atocha** y quieres ir al **Museo del Prado** (metro: **Banco de España**).

b. Estás en la **Plaza de Toros** (metro: **Ventas**) y quieres ir a la **Catedral de la Almudena** (metro: **Ópera**).

c. Estás en el **Teatro Real** (metro: **Ópera**) y quieres ir a la **Estación de Autobuses** (metro: **Méndez Álvaro**).

d. Estás en la estación de **Chamartín** y quieres ir al **Parque del Retiro** (metro: **Retiro**).

4.5. 👤 ✏️ **Rellena esta solicitud con tus datos personales para solicitar el abono mensual de transporte.**

ABONO ★★★★ TRANSPORTES
SOLICITUD TARJETA ABONO MENSUAL
DATOS A RELLENAR POR EL SOLICITANTE 9360635

ENTREGAR EN EL ESTANCO

TIPO DE ABONO: NORMAL ☐   JOVEN ☐   TERCERA EDAD ☐

ZONA-LÍMITE DE VALIDEZ: A ☐   B1 ☐   B2 ☐   B3 ☐   C1 ☐   C2 ☐

Nombre _____

Apellido 1 _____

Apellido 2 _____

Fecha de Nacimiento _____

D.N.I. o pasaporte _____

Dirección _____

_____   Teléfono _____

C. Postal _____   Municipio _____

RECUERDE: ACOMPAÑE UNA FOTOGRAFÍA Y PONGA DETRÁS SU NOMBRE Y APELLIDOS

NO FIJE LA FOTOGRAFÍA

Recogida tarjeta: Estanco ☐   Correo ☐

Causas por las que se solicita la tarjeta

Primera vez ☐   Deterioro ☐   Extravío o robo ☐   Cambio tipo Abono ☐   Otras ☐

Fecha solicitud _____

FIRMA DEL SOLICITANTE

DATOS A RELLENAR POR:
EL CONSORCIO:
Tarjeta código _____
LA OFICINA EXPENDEDORA:
Punto de venta núm. _____

POR FAVOR, LEA LAS INSTRUCCIONES Y RELLENE LA SOLICITUD CON LETRA MAYÚSCULA

4.6. 👤 ✏️ **En la estación de tren. Jan viaja a Sevilla. Reconstruye el diálogo.**

– Quería un billete.

– ¿A qué hora?

– ¿Fumador o no fumador?

– ¿Ventanilla o pasillo?

– ¿Para qué día?

– ¿Asiento? ¿Litera?

CONTINÚA ⋯⋮

▶ Buenas tardes. Quería un billete para Sevilla.

▷ ....

▶ Para el próximo miércoles.

▷ ....

▶ A las once de la noche.

▷ ....

▶ Asiento.

▷ ....

▶ Pasillo.

▷ ....

▶ No fumador.

▷ Bien, son 18 euros con 50 céntimos.

4.6.1. 🧍 🎧 **Ahora, escucha y comprueba.**
[26]

4.7. 🧍🧍 📇 **Practica el diálogo anterior. Te damos otros datos. No mires la información de tu compañero. Antes de empezar, lee tu tarjeta. ¿Entiendes todas las palabras? ¿No? Pregunta a tu profesor.**

alumno a

- Estás en la estación de tren.
- Quieres viajar a Barcelona.
- Quieres ir el viernes y volver el domingo.
- Prefieres viajar de noche.
- Quieres litera.
- No fumas.

alumno b

- Trabajas en la estación de trenes.
- Hay trenes para Barcelona a las 9 de la mañana, a las 13 horas y a las 21:30 horas.
- El viajero puede elegir entre asiento y litera.
- Estos trenes tienen coches de fumador y no fumador.
- El precio de ida son 20 euros con 75 céntimos.
- El precio de ida y vuelta son 35 euros con 50 céntimos.

Un poco de
buena pronunciación **5**

5.1. 🧍 🎧 **Escucha y completa con la letra que falta:**
[27]

1. Ciu☐ad
2. A☐osto
3. Vi☐ir
4. Ju☐ar
5. Be☐er

6. Ciento ☐os
7. Verda☐ero
8. A☐eni☐a
9. ¿Qué ☐ía es hoy?
10. A☐o☐a☐o

5.2. 🧍🧍 ✏ **Ahora, por parejas: Alumno A, elige cinco palabras y díctaselas a tu compañero. Alumno B, escribe las palabras que tu compañero te dicta.**

1. ....

2. ....

3. ....

4. ....

5. ....

6 La ciudad

■■

6.1. 👥 ✎ **Fíjate en los dibujos. Con tu compañero completa las tarjetas con el nombre de los objetos y tiendas que representan. Luego relaciónalos.**

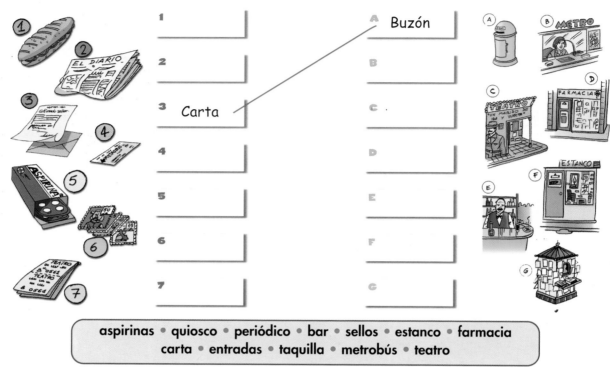

1 _____   A Buzón

2 _____   B _____

3 Carta _____   C _____

4 _____   D _____

5 _____   E _____

6 _____   F _____

7 _____   G _____

> aspirinas • quiosco • periódico • bar • sellos • estanco • farmacia
> carta • entradas • taquilla • metrobús • teatro

6.1.1. 👤 ✎ **Ahora relaciona las frases.**

1 Voy al estanco •
2 Necesito un buzón •
3 Entramos en el bar •
4 Marisa va a la taquilla •
5 Vas a la farmacia •
6 Quiero un periódico •
7 ¿Necesito ir al teatro •

porque para

• a comprar aspirinas.
• b necesito unos sellos para Francia.
• c leer las últimas noticias.
• d comprar un metrobús.
• e sacar las entradas?
• f queremos unos bocadillos.
• g enviar esta carta.

6.1.2. 👥 🗨BLA **¿Conocéis otros nombres de tiendas en español?**

6.2. 👤 🎧 **Escucha y toma notas.**
[28]
Diálogo **1.** ¿Dónde está el quiosco?
Diálogo **2.** ¿Dónde está la comisaría?
Diálogo **3.** ¿Dónde está el banco?

6.2.1. 👤 🎧 **Vuelve a escuchar el diálogo 1 y pon debajo de cada signo la expresión correspondiente.**
[28]

S i ▢ ▢ ▢ ▢ t ▢ ▢ ▢   G ▢ ▢ ▢ s a ▢   G ▢ ▢ ▢ s a l a
r ▢ ▢ ▢ o   l a d ▢ ▢ ▢ ▢ h ▢   i z ▢ ▢ ▢ ▢ ▢ ▢ d ▢

6.2.2. 🎧 [28] 👤 **Vuelve a escuchar los diálogos 2 y 3 y completa:**

2

▷ Perdona, oye,......................¿..................................
dónde hay una comisaría por ....?

▶ Pues, no sé, lo siento. No soy de la ciudad.

▷ Ah, vaya, ..., eh.

3

▷ Perdone, por favor, ¿............................Santander?

▶ Un momento... Sí, mire. Está muy cerca. Siga todo recto y
allí, en la esquina, a cien metros. ....
...............................la boca del metro.

▷ Muchas gracias.

6.2.3. **¿Qué diálogo es formal (usted)?**

Pedir y dar información espacial 7

Pedir información espacial

- **Usted**

  ▶ Perdone, ¿puede decirme dónde...?

  ▶ Oiga, por favor, ¿dónde... hay/está(n)...?

- **Tú**

  ▶ Perdona, ¿dónde...?

  ▶ Oye, por favor, ¿puedes decirme...?

Dar información espacial

- **Usted**

  ▷ Sí, claro, mire...

- **Tú**

  ▷ Sí, claro, mira...

  ▷ Está cerca/lejos/al lado de/a la derecha/a la izquierda...

  ▷ Hay + un/a/os/as + nombre + cerca/lejos...

  ▶ Vale, gracias.

  ▶ Muchas gracias.

7.1. 👥💬(BLA) **Mira estos planos. Hay muchos lugares, pero te falta información. Complétala con tu compañero.**

alumno a

Pregunta a tu compañero dónde hay:

- ▪ Un estanco
- ▪ Una peluquería
- ▪ Un cine
- ▪ Un quiosco

CONTINÚA ····▷▷▷

alumno b

Pregunta a tu compañero dónde hay:

- ■ Un teatro
- ■ Un supermercado
- ■ Un banco
- ■ Un videoclub

AUTOEVALUACIÓN

AUTOEVALUACIÓN   AUTOEVALUACIÓN   AUTOEVALUACI

1. Escribe una lista de los contenidos de esta unidad. Luego subraya los que son nuevos.

- • ....
  ....
- • ....
  ....
- • ....
  ....
- • ....
  ....
- • ....
  ....
- • ....
  ....

> Hay que relacionar lo que aprendemos. Fíjate:
>
> Unidad 2: La casa.
> *En el dormitorio* **hay una** *cama.*
> *La mesa está* **delante del** *sofá.*
>
> Unidad 4: La ciudad.
> *¿Dónde* **hay una** *farmacia?*
> *El cine está* **enfrente de** *la panadería.*

2. Esta unidad te parece:

- ☐ Muy interesante
- ☐ Interesante
- ☐ Normal
- ☐ Aburrida
- ☐ Útil

3. Escribe cinco palabras nuevas

1. ....
2. ....
3. ....

4. ....
5. ....

AUTOEVALUACIÓN   AUTOEVALUACIÓN   AUTOEVALUACI

Unidad 5

Funciones comunicativas
- Preguntar y decir la hora
- Describir acciones y actividades habituales: horarios, fechas, localización temporal
- Expresar la frecuencia con que se hace algo

Contenidos gramaticales
- Presente de indicativo (verbos irregulares)
- Verbos reflexivos
- Adverbios y expresiones de frecuencia

Contenidos léxicos
- Actividades cotidianas y de ocio
- Partes del día
- Meses del año
- Días de la semana

1 ¿Qué haces normalmente?

1.1. Ordena estos dibujos cronológicamente.

1.2. Ahora relaciona las frases con los dibujos. ¿Qué hace Pepe normalmente?

5 Pepe se despierta a las nueve y cinco.

8 Se levanta a las nueve y cuarto.

3 Pepe se ducha a las nueve y veinte.

1 Se lava los dientes a las nueve y veinticinco.

15 Se viste a las nueve y media.

16 Pepe se peina a las diez menos veinticinco.

9 Desayuna a las diez menos cuarto.

4 Pepe entra en la Universidad a las diez en punto.

7 Estudia en la biblioteca a las once y cuarto.

2 Vuelve a casa a las seis menos cuarto.

6 Pepe merienda a las seis de la tarde.

10 Escucha música a las siete menos veinticinco.

13 Se lava a las ocho menos cuarto.

14 Sale de casa a las ocho y cuarto.

12 Ve la tele a las once menos diez de la noche.

11 Se acuesta a las once.

Para hablar de la hora y los horarios

- **Preguntar la hora**
  - ► *¿Qué hora es? /¿Tienes hora?*

- **Decir la hora**
  - ► *(Es) La una en punto.*
  - ► *(Son) Las cinco.*
  - ► *(Son) Casi las ocho.*
  - ► *(Son) Las ocho pasadas.*
  - ► *(Es) La una y dos minutos.*
  - ► *(Son) Las dos y cinco/ y diez.*
  - ► *(Son) Las tres y cuarto.*
  - ► *(Son) Las seis y media.*
  - ► *(Es) La una menos veinticinco.*
  - ► *(Son) Las diez menos veinte.*
  - ► *(Son) Las doce menos cuarto.*
  - ► *(Son) Las trece horas y cincuenta minutos (formal).*

- **Preguntar por el momento de la acción**
  - ► *¿A qué hora?*

- **Expresar la duración o el momento de la acción**
  - **– De... a...**
    - ► *Trabajo de 8 a 2.*
  - **– Desde... hasta...**
    - ►. *Desde las 8 hasta las 2.*
  - **– A las...**
    - ► *A las cinco de la mañana/tarde.*

- **Partes del día**
  - ► *Por la mañana/tarde/noche.*
  - ► *A mediodía (12:00)...*
  - ► *A medianoche (24:00)...*

Culturalmente, en España usamos *a mediodía* para hablar del espacio de tiempo de la comida, entre las 13:00 y las 16:00 de la tarde, normalmente.

Ejemplo:

Nos vemos a mediodía y tomamos una cerveza.

¡Fíjate en el reloj!

2.1. Completa con tu compañero las horas de los relojes; no mires su ficha.

CONTINÚA ••••

3 Normalmente...

3.1.  **Elige uno de los verbos y representa la acción con gestos. Tus compañeros tienen que decir qué haces.**

- **despertarse**
- desayunar
- ducharse
- **acostarse**
- levantarse
- estudiar/trabajar

- ver la tele
- lavarse los dientes
- **salir** del colegio/trabajo/casa
- lavarse
- peinarse
- **vestirse**
- escuchar la radio

Ejemplo: *Enrique se levanta.*

> Fíjate: los verbos en **negrita** son irregulares.

3.2. **Lee las preguntas. Escribe dos más. Después, haz el cuestionario a tu compañero. Toma notas y cuenta a la clase las cosas más interesantes.**

1. ¿A qué hora te levantas?
2. ¿Qué desayunas?
3. ¿Te duchas por la mañana o por la noche?
4. ¿Qué haces en tu tiempo libre: lees, ves la tele, escuchas música...?
5. ¿A qué hora sales de casa?
6. ¿Cuál es tu horario de trabajo?
7. ¿A qué hora te acuestas normalmente?
8. ¿Qué haces los fines de semana?
9. ....
10. ....

3.3. **Compara un día de tu vida con lo que hace Pepe normalmente. Escríbelo.**

Ejemplo: *Pepe se levanta a las nueve y cuarto, pero yo me levanto antes...*

El presente **4**

Usamos el *presente* para

- **Hablar de acciones habituales (lo que haces cada día)**

  ▶ *Me levanto pronto, me ducho, desayuno y voy a trabajar.*

- **Hablar de lo que haces en este momento**

  ▶ *¿Qué haces?*

  ▷ *Leo el periódico, ¿no lo ves?*

Verbos regulares en presente de indicativo

4.1. 🧑‍🤝‍🧑 ✏️ **Con tu compañero, completa el cuadro.**

Verbos regulares en presente de indicativo

Trabajar	Comer	Vivir
trabaj**o**		viv**o**
trabaj**as**	com**es**	
	com**e**	viv**e**
trabaj**amos**		
trabaj**áis**	com**éis**	viv**ís**
	com**en**	

4.2. 🧑‍🤝‍🧑 ✏️ **Con tu compañero, completa el cuadro.**

Verbos reflexivos (acción sobre uno mismo)

		Ducharse	Lavarse	
Yo	**me**	duch**o**		
Tú	**te**	duch**as**		
Él/ella/usted	**se**	duch**a**		
Nosotros/as	**nos**	duch**amos**		
Vosotros/as	**os**	duch**áis**		
Ellos/ellas/ustedes	**se**	duch**an**		

A. Cambios vocálicos

4.3. [icons] Con tu compañero, completa el cuadro.

	e > ie	o > ue	e > i	u > ue
	querer	**poder**	**pedir**	**jugar**
Yo	quiero	puedo	pido	juego
Tú	quieres	puedes	pides	juegas
Él/ella/usted	quiere	puede	pide	juega
Nosotros/as	queremos	podimos	pedimos	jugamos
Vosotros/as	queréis	podéis	pedís	jugáis
Ellos/ellas/ustedes	quieren	pueden	piden	juegan

- En los verbos que tienen irregularidad vocálica las personas .... y .... no cambian.
- Otros verbos:
  - e > ie: *querer, comenzar, empezar, entender, perder, pensar, despertarse.*
  - o > ue: *poder, encontrar, volver, dormir, costar, recordar, acostarse.*
  - e > i: *pedir, servir, vestirse.*

B. Verbos con irregularidad en la primera persona

4.4. [icons] Relaciona la primera persona con el infinitivo.

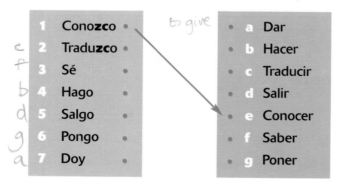

		to give
e	1 Cono**z**co •	• a Dar
f	2 Tradu**z**co •	• b Hacer
	3 Sé •	• c Traducir
b	4 Hago •	• d Salir
d	5 Salgo •	• e Conocer
g	6 Pongo •	• f Saber
a	7 Doy •	• g Poner

	estar
Yo	**estoy**
Tú	estás
Él/ella/usted	está
Nosotros/as	estamos
Vosotros/as	estáis
Ellos/ellas/ustedes	están

- Estos verbos tienen irregular la .... persona.
- Otros verbos como *conocer:*
  - *producir, produ**zc**o; reducir, redu**zc**o; conducir, condu**zc**o...*

C. Verbos con más de una irregularidad

4.5.  Con tu compañero, completa el cuadro.

to listen / hear

	venir	tener	decir	oír
Yo	**vengo**	**tengo**	digo	**oigo**
Tú	vi**e**nes	tienes	dices	o**y**es
Él/ella/usted	vi**e**ne	**tie**ne	dice	o**y**e
Nosotros/as	venimos	tenemos	decimos	oímos
Vosotros/as	venís	tenéis	decís	oís
Ellos/ellas/ustedes	vi**e**nen	tienen	dicen	o**y**en

D. Verbos totalmente irregulares

4.6. Completa.

	ir	ser
Yo	**voy**	**soy**
Tú	vas	**eres**
Él/ella/usted	**va**	es
Nosotros/as	**vamos**	somos
Vosotros/as	vais	**sois**
Ellos/ellas/ustedes	van	**son**

> **¡Atención a la ortografía!**
> Algunos verbos cambian por cuestiones ortográficas:
> **Ejemplo:**
> *Coger, cojo, coges...* to take
> *Seguir, sigo, sigues...* to follow

E. Otras irregularidades

4.7. Completa.

i > y entre dos vocales

to build

	construir	destruir *to destroy*
Yo	constru**y**o	destru**y**o
Tú	constru**y**es	destru**y**es
Él/ella/usted	constru**y**e	destru**y**e
Nosotros/as	construimos	destruimos
Vosotros/as	construís	destruís
Ellos/ellas/ustedes	constru**y**en	destru**y**en

- Otros verbos:
  - *Huir, oír...*

5 ¿Cuándo?
¿Con qué frecuencia?

■■■■■■■■■■■■■■■■■■■■■■■■■■■■■■■■■■■■■

5.1. 👥 🗣 **Pregunta a tu compañero con qué frecuencia hace estas actividades y comple-ta. Puedes añadir tú otras actividades.**

	Siempre / Todos los días	A menudo / Muchas veces	Algunas veces	Pocas veces	Casi nunca	Nunca
Hacer gimnasia						
Leer el periódico						
Ir al dentista						
Dormir la siesta						
Ir en bici						
Ver la tele						
Escribir cartas						
Beber cerveza						
Acostarse tarde						
Ir al cine						
Escuchar música						

5.2. 👥 🗣 **Ahora, explica a los demás los hábitos de tu compañero.**

Ejemplo: *Fulanito no hace gimnasia nunca, pero juega al fútbol a menudo...*

Expresar el número de veces que se hace algo

- **Adverbios de frecuencia**

  Siempre

  A menudo

  Muchas veces

  Alguna vez/A veces/
  Algunas veces

  Muy pocas veces

  Casi nunca

  Nunca

- **Nivel de frecuencia**
  — Todos los días/las semanas/los meses/los años
  — Cada día/tres meses/año
  — Dos/tres/... veces **a la** semana/mes/año
  — Dos/tres/... veces **por** semana/mes/año

  ▶ *¿Tú haces ejercicio?*

  ▷ *Sí, voy al gimnasio dos veces a la semana.*

  ▶ *Pues yo no voy nunca.*

CONTINÚA ····▶

Días de la semana

– El/los lunes

– El/los martes

– El/los miércoles

– El/los jueves

– El/los viernes

– El/los sábado/s

– El/los domingo/s

Meses del año

– enero
– febrero
– marzo
– abril
– mayo
– junio
– julio
– agosto
– septiembre
– octubre
– noviembre
– diciembre

5.3.  **Ahora prepara con tus compañeros tu agenda para este fin de semana:**

Viernes	Sábado	Domingo

5.4. **Completa las frases con los verbos siguientes:**

> viajar • desayunar • tomar • trabajar • dormir
> ir • acostarse • salir • tener

Muy pocos españoles (1)................. fuerte: un café solo o café con leche y unas tostadas o un croissant. En Madrid es típico (2)................. café con leche y churros. La inmensa mayoría de los trabajadores (3)................. en metro y en autobús para ir al trabajo.

La bicicleta no la utiliza casi nadie, pero hay muchas personas que (4)................. a pie.

La mitad de los españoles (5)................. la siesta y en las ciudades todavía menos personas (6)................. esta costumbre. La mayoría de las personas (7)................. por la mañana (de 8.00 a 14.00) y por la tarde (de 17.00 a 20.00), aunque hay personas con un horario intensivo (de 8.00 de la mañana a 15.00 ó 15.30 de la tarde). En España se (8)................. mucho por la noche: a cenar, al cine, al teatro, a tomar copas. Por eso los españoles nos (9)................. muy tarde, alrededor de la una entre semana y más tarde los fines de semana.

5.4.1. 🖼️ ✏️ **Escribe un texto similar con las costumbres de la gente de tu país.**

5.5. 👥 🗨️ **Mira esta foto y dinos:**

¿Qué hace esta gente? ¿Qué día de la semana es? ¿Son amigos? ¿Compañeros de trabajo?...

¿Cómo crees que es el carácter de los españoles? ¿Puede ser una foto de tu país?

5.5.1. 🧑 📖 **Lee el siguiente texto sobre los españoles:**

Los españoles son gente abierta y sincera, a veces demasiado. Los españoles charlan mucho con sus amigos, comen y cenan fuera de casa cuando celebran algo y algunos se echan la siesta después de comer. Los españoles están orgullosos de su país, sus playas y su cultura. ¿Y por qué son así? Porque, según dicen, el clima determina el carácter de la gente y la forma de vida de cada país. Y España es un país mediterráneo, con muchos meses de sol al año y el sol hace más tranquila, cariñosa y sociable a la gente. En realidad, cada país y cada pueblo es como es y tiene sus propias características.

5.5.2. 🧑 🗨️ **¿Verdadero o falso? Justifica tu respuesta con la información del texto.**

	Verdadero	Falso
1. Los españoles son antipáticos.	☐	☐
2. Los españoles hablan mucho.	☐	☐
3. En España se cena siempre fuera de casa.	☐	☐
4. La siesta se hace por la noche.	☐	☐
5. Los españoles adoran España.	☐	☐
6. El clima de España es muy caluroso.	☐	☐
7. Los españoles son sociables.	☐	☐
8. Todos los países son iguales.	☐	☐

5.5.3. 👤✏️ **Une estas frases:**

1	El clima marca	•
2	Los españoles son	•
3	En España	•
4	La gente de España	•
5	Los españoles están	•
6	Cada país	•

•	a	es diferente a los demás.
•	b	orgullosos de España.
•	c	sinceros y simpáticos.
•	d	hay muchos días de sol.
•	e	es sociable y amable.
•	f	el carácter de las personas.

5.5.4. 👥🗨️ **Responde a estas preguntas sobre el texto.**

1. ¿Tú estás más contento cuando hace sol que cuando llueve? ¿El clima influye en el carácter de la gente? ¿Cómo y por qué?

2. ¿Crees que los españoles salen mucho?

3. ¿Por qué las playas y el sol son importantes para los españoles?

4. ¿Qué significa para ti la frase "España es diferente"?

5. ¿Crees que los españoles son amables, abiertos y cariñosos?

6. ¿Qué opinas del carácter de los españoles?

5.6. 👫🗨️ **Pregunta a tu compañero por sus costumbres. Toma notas, porque luego vas a explicarlo al resto de la clase.**

- ¿A qué hora...?
- ¿Cuándo...?
- ¿Qué haces...?
- ¿Qué...?
- ¿Dónde...?
- ¿Con quién...?
- ¿Cómo...?

- Viernes por la tarde
- Hora de la comida
- Domingos por la mañana
- Horario de trabajo
- Hora de acostarse

- Hora de levantarse (fines de semana)
- Deportes que practica
- Lugar de la cena (sábados)
- Pasar el tiempo libre
- Volver a casa

5.7. 👤🎧 **Escucha el siguiente diálogo de dos jóvenes españoles y completa esta agenda.**
[29]

ENERO

19

	1	2	3	4	5	6
7	8	9	10	11	12	13
14	15	16	17	18	19	20
21	22	23	24	25	26	27
28	29	30	31			

SÁBADO

• Por la mañana...

• Por la tarde...

• Por la noche...

ENERO

20

	1	2	3	4	5	6
7	8	9	10	11	12	13
14	15	16	17	18	19	20
21	22	23	24	25	26	27
28	29	30	31			

DOMINGO

• Por la mañana...

• Por la tarde...

• Por la noche...

5.8. Busca en este texto actividades culturales y deportivas, y actividades que realizan en casa.

María: Miguel, ¿qué haces tú los fines de semana?

Miguel: Los sábados por la mañana me levanto pronto porque me gusta salir a correr. Cuando llego a casa, desayuno, me ducho y me voy a la compra. Después, cocino para toda la semana. Por la tarde, me echo la siesta, estudio un rato y por la noche, muchas veces, voy con mis amigos al teatro.

María: Pues yo los sábados prefiero dormir hasta tarde. Luego, cuando me levanto, también voy a la compra y hago la limpieza. Me gusta comer fuera de casa y por la tarde voy al cine. Por la noche, voy a la discoteca porque me gusta mucho bailar.

Miguel: ¿Y qué haces los domingos?

María: Los domingos voy a ver alguna exposición pero, si hace buen tiempo, me voy a la playa. Por la tarde, juego al tenis con mi hermana y después, ceno con mis padres.

Miguel: Pues yo los domingos los dedico a hacer deporte: juego al fútbol y luego nado en la piscina. Por la tarde, después de comer, me echo la siesta y por la noche veo la tele.

Actividades culturales y deportivas	Actividades que realizan en casa

5.9. Escucha atentamente los datos de esta encuesta sobre algunos aspectos de la [30] vida de los españoles y relaciona la información.

1	¿Se levanta temprano?	•	•	a	22%
2	¿Sale de noche todos los días?	•	•	b	67%
3	¿Va a los toros?	•	•	c	33%
4	¿Ve la televisión por la noche?	•	•	d	62%
5	¿Va todas las semanas al cine?	•	•	e	34%
6	¿Duerme todos los días la siesta?	•	•	f	56%
7	¿Viaja todos los fines de semana?	•	•	g	58%
8	¿Practica a menudo deporte?	•	•	h	14%
9	¿Desayuna solo café con leche?	•	•	i	32%

5.9.1. ¿Qué conclusiones sacáis de esta encuesta?

- La mayoría de los españoles...
- Pocos españoles...
- Muchos españoles...
- Muy pocos españoles...

5.9.2. ¿Cómo son estas costumbres en tu país?

- En mi país...
- En...

5.10. Elige un personaje famoso y describe un día normal en su vida. Tus compañeros tienen que adivinar quién es.

5.11. 📱 🎧 **Julia quiere ir al cine, pero no le gusta ir sola. ¿Encuentra a alguien para ir con**
[31] **ella? Escucha y marca.**

	Marta	Joaquín	Rosa
No puede ir al cine	☐	☐	☐
Quedan para el cine	☐	☐	☐
No está en casa	☐	☐	☐

5.11.1. 📱 🎧 **Vuelve a escuchar y completa:**
[31]

1. .... a las siete.

2. .... el fin de semana.

3. ¿A qué hora .... ?

4. ¿Por qué no .... para tomar un café?

Usamos el verbo .... para establecer el horario, el
lugar, la persona... con la que tenemos un encuentro o una cita.
 · ¿A qué hora ....?
 · ¿Con quién ....?
 · ¿Dónde ....?
Para proponer actividades y hacer planes usamos: ¿Por qué no...?

5.12. 👫 🗨 **Queda con tus compañeros. Hay diferentes propuestas.**

Alumno A: tienes tres entradas para un partido de fútbol.

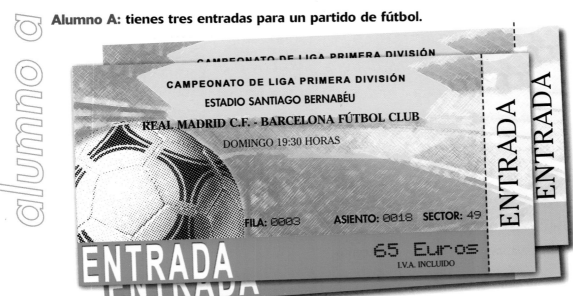

CAMPEONATO DE LIGA PRIMERA DIVISIÓN
ESTADIO SANTIAGO BERNABÉU
REAL MADRID C.F. - BARCELONA FÚTBOL CLUB
DOMINGO 19:30 HORAS
FILA: 0003   ASIENTO: 0018   SECTOR: 49
65 Euros
I.V.A. INCLUIDO
ENTRADA

alumno a

Alumno B: tienes dos entradas para el cine. Para el sábado a las 8:30 de la tarde.

alumno b

EL SEÑOR DE LOS ANILLOS

sesión: 20:30 horas

Sala	Fila	Butaca
25	14	7

I.V.A. incluido 7% • Kinepolis España S.A.   4,80 euros

alumno c

Alumno C: tienes dos entradas para el teatro. El viernes a las 8 de la tarde.

TEATRO ALBÉNIZ
Plaza Mayor, 1

LA DAMA BOBA

PATIO DE BUTACAS • NO NUMERADA
Viernes 20:00 h.

ENTRADA

9 788489 756717

Alumno D: tienes cuatro entradas para el concierto de Los Chunguitos.

alumno d

PALACIO DE LOS DEPORTES

en concierto

**Sábado 22
22:00**

los chunguitos

ENTRADA

AUTOEVALUACIÓN

1. Corrige este texto. Tu profesor tiene las soluciones.

Me llamo ̶e̶s̶ Jennifer. Tengo veintiuno años. Estudio español a Barcelona. De lunes a viernes voy a una escuela en el centro. Las clases empiezo a las diez y terminan las dos. En Barcelona tengo muchos amigos español. Los fines de semana mis amigos y yo voy a la playa o a la montaña para descansar y salir de la ciudad. Los viernes por la noche, me gusta salir de copas y a bailar. ¿Y tu, que haces normalmente?

Para reflexionar sobre los errores es mejor tener un código de errores, corregir y volver a escribir el texto.

Muestra de código:

⁄ Palabra o letra que sobra	— Cambio de preposición	∿ Concordancia
√ Falta palabra	☐ Acento	

Revisión 1-5

Funciones comunicativas
- Saludar
- Presentarse
- Dar información espacial
- Preguntar por el precio
- Decir la hora
- Describir acciones habituales (horarios)

Contenidos gramaticales
- Presente de indicativo (verbos regulares e irregulares)
- Interrogativos
- Preposiciones adverbiales
- Verbos reflexivos
- Demostrativos

Contenidos léxicos
- Adjetivos de nacionalidad
- Profesiones
- La casa: distribución y mobiliario
- Actividades cotidianas
- Partes del día

1 **Aquí tienes unos ejemplos de anuncios:**

Estudiante portugués busca persona para compartir piso. Habitación grande con calefacción y balcón, exterior. Zona centro. Llamar por la mañana al teléfono 91-3236739.

Dos chicas suecas quieren compartir casa con estudiantes extranjeros.

Tres dormitorios, dos baños, salón, cocina y terraza.

Muy cerca del metro.

Teléfono:
93-6785431.

Preguntar por Anne.

Estudiantes de Medicina comparten piso con jóvenes extranjeros de entre veinticinco y treinta años. Casa con jardín junto a la universidad. Llamar al 93-4657829. Solo tardes.

Preguntar por Raúl.

Profesora de inglés alquila habitación individual a estudiante español.
Piso enfrente del teatro Maravillas.
Llamar por la noche al número 91-8447692.

2 **Ahora escribe tu anuncio.**

3 **Escucha el diálogo.**
[32]

4 **Después de completar esta tabla, preparad un diálogo similar al de la audición.**

Ejemplo: ▷ *Yo me levanto a las ocho, ¿y tú?*
► *Yo, a las diez.*
▷ *Y, ¿a qué hora vas a trabajar?*

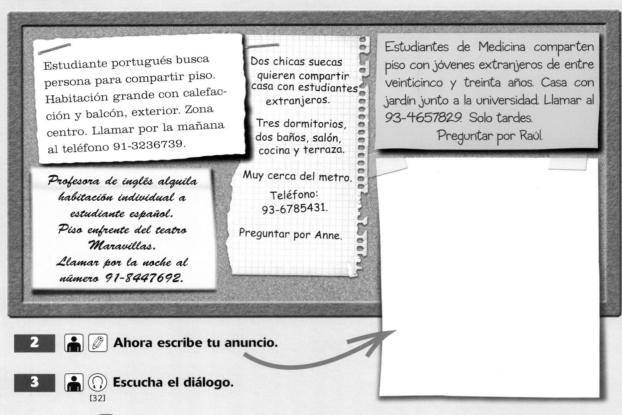

	08:00	10:00	13:00	15:00	18:00	20:00	22:00	24:00
Cenar								
Salir con amigos								
Ir al trabajo								
Ver la televisión								
Comer								
Leer								
Estudiar								
Desayunar								
Acostarse								
Salir del trabajo								
Volver a casa								
Levantarse								

5 👥 🎧 **Antes de decorar vuestro piso, escuchad y haced una lista de lo que hay en la** [33] **habitación de vuestro vecino Javier.**

1. ....
2. ....
3. ....
4. ....
5. ....
6. ....

7. ....
8. ....
9. ....
10. ....
11. ....
12. ....

6 👤 🎧 **Escucha de nuevo y rectifica en** [33] **el plano la distribución de los muebles según la audición.**

Estanterías

Armario

Cama

Sillón

Silla

Mesa

Lámpara

7 👤 ✏️ **Y ahora, utilizando el mismo vocabulario, mobiliario y preposiciones, dibuja y describe tu habitación en el piso que, desde hoy, vas a compartir.**

Descripción: ....
....
....
....
....
....
....

8 👤 🎧 **Escucha una vez más, pero ahora puedes leer:** [33]

Javier tiene una habitación bastante grande y luminosa. La decoración es muy sencilla, porque a Javier le gustan los espacios abiertos. Hay varias plantas junto a la ventana, un cuadro de un amigo pintor y un cartel de una película antigua. No tiene muchos muebles, solo los necesarios.

La cama está a la derecha de la puerta, junto a la pared. En el cabecero de la cama hay un flexo. El armario está en un rincón de la pared de la izquierda, detrás de la puerta. Entre la cama y la pared del fondo, hay un sillón antiguo y una lámpara de pie.

La mesa de trabajo está debajo de la ventana, en el rincón. Entre la mesa y el armario, en la pared de la izquierda, hay unas estanterías llenas de libros. Encima de la mesa hay un ordenador y una impresora. Junto a la mesa hay una silla de trabajo.

AUTOEVALUACIÓN   AUTOEVALUACIÓN   AUTOEVALUACIÓN

1. La revisión me parece: ☐ Fácil   ☐ Difícil   ☐ Útil   ☐ Corta

2. He tenido problemas con: ☐ Los textos   ☐ Las audiciones   ☐ La preparación del diálogo

3.
He revisado	He aprendido	Necesito estudiar	Otros comentarios

4. Con mi proceso de aprendizaje estoy:

☐ Satisfecho ☐ Contento ☐ Creo que necesito mejorar ☐ Son muchas cosas y no entiendo nada

5. ¿Qué sé en español que no está en esta revisión?

....

AUTOEVALUACIÓN   AUTOEVALUACIÓN   AUTOEVALUACIÓN

AUTOEVALUACIÓN

1. Escribe *z* o *c*.

1. ☐ine   3. ☐ena   5. lu ☐

2. ☐apato   4. a☐ul   6. co☐ina

2. Escribe *c* o *qu*.

1. ☐asa   4. ☐osa   7. ☐uatro

2. ☐eso   5. ☐uanto   8. ☐anción

3. ☐iero   6. ☐ien   9. a☐í

3. Elige:

1. La mesa .... junto a la silla.   ☐ **a.** está   ☐ **b** es   ☐ **c.** hay

2. ¿Dónde .... una farmacia?   ☐ **a.** está   ☐ **b** es   ☐ **c.** hay

3. ¿Dónde .... la farmacia?   ☐ **a.** está   ☐ **b** es   ☐ **c.** hay

4. .... Juan.   ☐ **a.** Me llamo es   ☐ **b.** Me llamo   ☐ **c.** Yo llamo

5. Uf, ¡qué cansado ....!   ☐ **a.** soy   ☐ **b.** estoy

4. Completa con *ser, estar, tener*.

1. (yo) .... un amigo muy simpático.

2. (tú) .... mucho tiempo.

3. .... médico cirujano. Trabaja en el hospital Gregorio Marañón.

4. (él) .... africano. De Angola.

5. .... 34 años, tres más que su mujer.

6. .... cansado. Trabajo demasiado.

7. La librería .... cerca de la escuela.

8. Mi habitación .... muy grande.

9. Esta casa .... demasiado cara y muy pequeña.

10. El vaso .... de cristal.

5. Encuentra el intruso en cada columna.

hoja   mano   cabeza   pie   nariz

- cuñado
- primero
- tío
- abuelo
- sobrino

- contento
- triste
- simpático
- calor
- alto

- salón
- comedor
- cuarto de baño
- cocina
- suelo

6. Relaciona:

1. Me acuesto   **a.** bailar salsa.
2. Preferimos   **b.** está el supermercado?
3. Javier   **c.** mucho.
4. Tus tíos   **d.** es simpático.
5. Comen   **e.** duermen?
6. ¿Dónde   **f.** están gordos.
7. ¿Por qué   **g.** a las diez de la noche.

7. Completa el cuadro:

me levanto					
			duermes		
	se acuesta				
				preferimos	
		coméis			
					salen

Unidad 6

Funciones comunicativas
- Expresar gustos y preferencias
- Expresar acuerdo y desacuerdo
- Pedir algo en un restaurante, bar...

Contenidos gramaticales
- Verbos *gustar, encantar...*
- Verbo *doler*
- Pronombres de objeto indirecto
- Adverbios:
    - *también/tampoco*

Contenidos léxicos
- Ocio y tiempo libre
- Comidas y alimentos
- Partes del cuerpo
- En el médico

1 Ocio y tiempo libre

1.1. ¿Qué actividades de ocio conoces?

1.2. Lee el siguiente texto:

Juan y Carmen son un matrimonio con gustos diferentes. A Juan le gusta el fútbol, ver la televisión y salir con los amigos. No le gusta nada cocinar. Le encanta salir de excursión con su familia en su coche nuevo. A Carmen le encanta cocinar y le gustan las películas de ciencia ficción, ir al teatro e ir de compras con sus amigas. También le gusta salir de excursión con su familia.

1.2.1. Contesta estas preguntas:

¿Qué le gusta...

...a él?

...a ella?

...y a ti?

(A mí)	me		
(A ti)	te	gusta	el cine
(A él/ella/usted)	le	encanta	jugar al fútbol
(A nosotros/as)	nos	gustan	las motos
(A vosotros/as)	os	encantan	los ordenadores
(A ellos/as/ustedes)	les		

Para marcar la intensidad usamos:

*Me gusta **muchísimo** el cine.*
*Te gusta **mucho** bailar.*
*Le gustan **bastante** los pasteles.*
***No** nos gustan **demasiado** los deportes.*
***No** os gusta **nada** viajar.*

Igual que *gustar: encantar, importar, doler, parecer, quedar bien/mal* (algo a alguien), *pasar* (algo a alguien)...

Mismos gustos

 ► Me gusta(n).   ▷ A mí también.

 ► No me gusta(n).   ▷ A mí tampoco.

Gustos diferentes

 ► Me gusta(n).   ▷ A mí, no.

 ► No me gusta(n).   ▷ A mí, sí.

1.3. Piensa en tus padres, un buen amigo y una buena amiga. Ahora completa el cuadro. Después, cuéntaselo a tu compañero.

Nombre	Le gusta	No le gusta

1.4. Escribe cinco cosas que te gustan. Después, pregunta por la clase y encuentra compañeros con tus mismos gustos y con gustos diferentes.

Actividades y preferencias	Mismos gustos	Gustos diferentes

1.5. ¿Recuerdas el vocabulario de ocio y tiempo libre? Escribe en cada ilustración el verbo correspondiente: **TOMAR**, **VER**, **IR** o **JUGAR**.

1. .... al cine

2. .... a las cartas

3. .... al fútbol

4. .... un café

5. .... a un concierto

6. .... una película

CONTINÚA ••••••

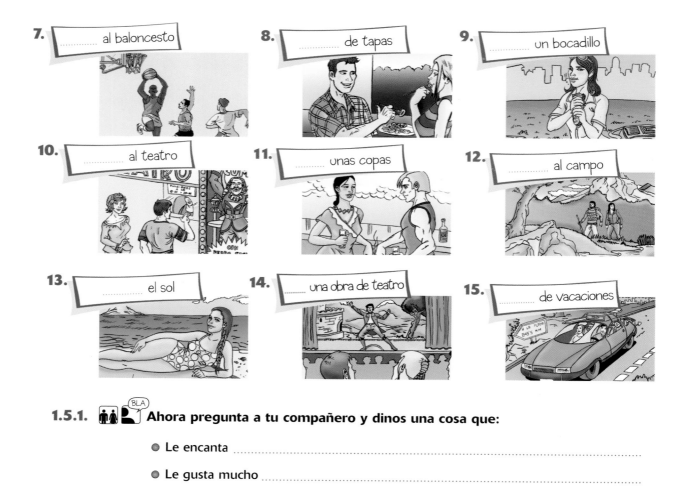

7. .... al baloncesto

8. .... de tapas

9. .... un bocadillo

10. .... al teatro

11. .... unas copas

12. .... al campo

13. .... el sol

14. .... una obra de teatro

15. .... de vacaciones

1.5.1. Ahora pregunta a tu compañero y dinos una cosa que:

- Le encanta ....
- Le gusta mucho ....
- No le gusta demasiado ....
- No le gusta nada ....

2 Para gustos, los **colores**

2.1. Lee los siguientes textos sobre estos personajes:

PEDRO PELÍCULAS
Director de cine

A Pedro le gusta mucho divertirse, salir por la noche e ir a fiestas y reuniones sociales. Le encanta ser protagonista y participar en todos los actos.

Pedro es un gran comilón. Le encanta la comida tradicional española, sobre todo el pisto manchego, el bacalao al pil-pil y la carne en general. Sin embargo, no le gusta la fruta.

Pedro es un amante del buen vino y del café.

CONTINÚA ••••

RAÚL MARCAGOLES
Futbolista

Raúl desayuna fuerte todas las mañanas. Normalmente toma leche, pan tostado, jamón, queso y fruta.

A Raúl le encanta conducir, pero a veces coge el metro para ir a entrenar. Le gusta hablar con la gente en la calle y firmar autógrafos. Le gusta mucho ir al cine y también ir a conciertos de música con sus amigos.

Sus platos preferidos son la paella y la merluza a la gallega. No le gustan las verduras ni las legumbres.

ESTHER PASARELAS
Modelo

A Esther le encanta cuidarse. Va al gimnasio tres veces por semana y los fines de semana practica el esquí, monta a caballo y también le gusta el submarinismo.

Para comer, a Esther le gustan las ensaladas y todo tipo de pescados. No le gustan las comidas grasas y siempre bebe agua. A Esther le encantan los dulces, pero tiene que controlar su peso. Es una apasionada de la cocina mexicana. Su plato preferido son los tacos.

2.1.1. **Di si las siguientes afirmaciones son verdaderas o falsas y justifica tu respuesta.**

	Verdadero	Falso
1. A Esther y a Pedro les gustan las ensaladas.		
2. A Raúl no le gusta conducir.		
3. A Pedro le encanta el buen vino.		
4. A Esther no le gustan los dulces.		
5. Raúl desayuna huevos con beicon.		
6. A Raúl le encanta la paella.		
7. A Pedro le gustan mucho las fiestas.		
8. Pedro tiene que controlar su peso.		
9. A Raúl le gusta mucho ir a conciertos de música.		
10. Raúl y Esther hacen deporte.		

2.2. **Escribe sobre los gustos de algún personaje famoso de tu país, un familiar o un personaje imaginario.**

....

....

....

....

....

2.3. 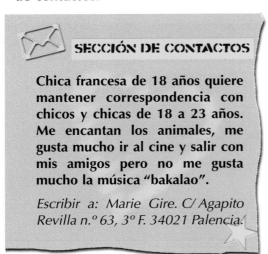 Una cuestión de lógica. Lee las frases y completa el cuadro.

Nombre	Profesión	Comida	Ocio

1. A la profesora le gusta el salmón.

2. Al abogado le gusta la música pop.

3. A Juan le encanta el fútbol.

4. Juan no es abogado.

5. A Antonio le gusta comer bocadillos.

6. Al que le gusta la paella es periodista.

7. A Ana le gustan mucho las películas de ciencia ficción.

2.4. Lee este anuncio de la sección de contactos:

✉ SECCIÓN DE CONTACTOS

Chica francesa de 18 años quiere mantener correspondencia con chicos y chicas de 18 a 23 años. Me encantan los animales, me gusta mucho ir al cine y salir con mis amigos pero no me gusta mucho la música "bakalao".

Escribir a: Marie Gire. C/ Agapito Revilla n.º 63, 3º F. 34021 Palencia.

2.4.1. Ahora escribe tú un anuncio para buscar amigos por correspondencia o e-mail. Después pega tu anuncio en el tablón de la clase y elige uno que te guste.

2.4.2. Ahora, responde al anuncio.

3 Las comidas en España

3.1. Lee los siguientes textos sobre los hábitos alimenticios de los españoles.

En España la primera comida del día –*el desayuno*– no es muy abundante. La mayoría de la gente toma café con leche, tostadas, algún bollo o galletas.

El almuerzo es la comida entre el desayuno y la comida del mediodía. A menudo se utiliza esta palabra aplicándola a la comida del mediodía.

CONTINÚA ····

La comida, en España, es la comida principal del día. Se toma un primer plato: verduras, legumbres, arroz... y un segundo plato: carne o pescado. A continuación se toma el postre: algo de fruta o algún dulce. Es costumbre acompañar la comida con vino y tomar café después del postre.

La merienda es habitual a media tarde. Entre los niños es frecuente tomar un bocadillo.

La última comida del día es **la cena**. Se toma algo ligero como sopa, verduras, huevos, queso, fruta...

3.2. 👤 ✏️ **Escribe un texto comparando la dieta española con las costumbres alimenticias de tu país.**

Ejemplo: *En mi país se desayuna más fuerte que en España. Generalmente...*

¡Recuerda! Para comparar dos cosas:
*Esto es **más** bonito **que** eso.*
*Tu hermano es **tan** alto **como** el mío.*
*Eso me gusta **menos que** esto.*

3.3. 👤 🔤 **¿Qué se puede tomar en un bar? Escríbelo debajo del apartado correspondiente.**

TAPAS Y RACIONES	BOCADILLOS	BEBIDAS

3.4. 👤 🎧 **Escucha esta conversación en un bar y contesta a las siguientes preguntas:**
[34]

1. ¿Toman algo?

2. ¿Qué comen?

3. ¿Qué beben?

4. ¿Qué parte del día es?

5. ¿Cómo pagan?

Elige la respuesta correcta y justifícala.

☐ Uno de ellos invita al otro

☐ Pagan la mitad cada uno

☐ No pagan

☐ Paga cada uno lo suyo

☐ Invita el camarero

3.5. 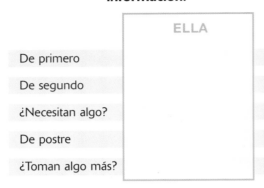 ¿Qué se puede tomar en un restaurante? Mira el menú y pregunta el vocabulario que no conozcas. A continuación, escucha esta conversación en un restaurante y completa la información.

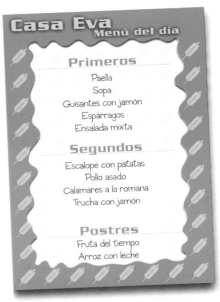

Casa Eva
Menú del día

Primeros
Paella
Sopa
Guisantes con jamón
Espárragos
Ensalada mixta

Segundos
Escalope con patatas
Pollo asado
Calamares a la romana
Trucha con jamón

Postres
Fruta del tiempo
Arroz con leche

	ELLA	ÉL
De primero		
De segundo		
¿Necesitan algo?		
De postre		
¿Toman algo más?		

3.5.1. Estáis en un restaurante y tenéis que pedir la comida. Uno de vosotros es el camarero. El menú os puede ayudar.

4 Repetimos

4.1. Observa esta encuesta sobre las actividades de ocio más frecuentes de la juventud española. Ordénala según tus preferencias y coméntala con tu compañero.

INFORME SOBRE LA JUVENTUD ESPAÑOLA
ACTIVIDADES DE OCIO MÁS FRECUENTES (%)

Ver la televisión	78,2
Charlar / "copeo"	51,5
Pasear	19,5
Leer libros	14,5
Escuchar música	10,9
Escuchar la radio	10,4
Otras aficiones	8,4
Hacer deporte	7,6
Leer la prensa	6,4
Juegos	3,8

4.2. Clasifica los productos:

queso • morcilla • cordero • atún • lechuga • alubias • leche • naranjas • sardinas • peras
manzanas • chorizo • jamón • merluza • ternera • cebollas • tomates • mejillones • fresas
calabacín • yogur • ajo • repollo • coliflor • chuletas de cerdo • uvas • pimiento • gambas

Verduras y legumbres	Frutas	Carnes y fiambres	Pescados y mariscos	Productos lácteos

4.2.1. 👥 🔤 Ahora, con tu compañero, escribe más nombres de productos alimenticios. ¿Cuántos puedes escribir en dos minutos? Después, se los leéis a la clase.

4.2.2. 👥 💬 Ahora haz una encuesta entre tus compañeros para saber qué alimentos gustan más y cuáles menos, y también para saber quién tiene unos gustos más parecidos a los tuyos.

Ejemplo: ▷ *Hans, ¿te gustan los tomates?*
　　　　　▶ *Sí.*
　　　　　▷ *A mí también.*

– **A mi compañero** *le gustan los tomates.*
– **A mí** *también.*

Alimento que gusta más
....

Alimento que gusta menos
....

Compañero con gustos parecidos
....

Compañero con gustos opuestos
....

El cuerpo 5

5.1. 👥 🔤 Estas son las partes del cuerpo, pero, ¿sabes qué artículo llevan? Escribe con tu compañero los artículos.

Ejemplo: *El pie, los pies (son dos)*

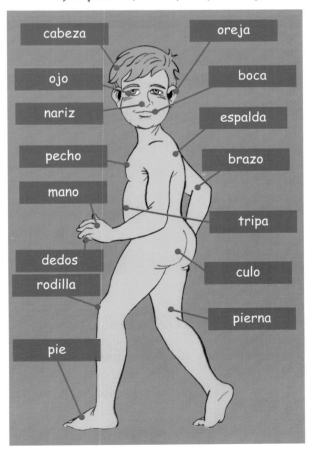

cabeza　oreja
ojo　boca
nariz　espalda
pecho　brazo
mano　tripa
dedos　culo
rodilla　pierna
pie

5.2. 👥 ✏️ Tapa el dibujo anterior y completa con las partes del cuerpo.

6 Me duele...
Doctor

6.1.  Relaciona las frases con los dibujos.

- a. **estoy mareado**
- b. **estoy cansado**
- c. **tengo gripe**
- d. **tengo tos**
- e. **estoy enfermo**
- f. **tengo fiebre**

6.2. Mira a estas personas. No están bien. ¿Qué les duele?

1. *Le duele* la cabeza

2. *Le duelen* los pies

3.

4.

5.

6.

7.

8.

> A veces nuestro cuerpo no está bien y nos duele alguna parte:
> Me duele + nombre singular
> *Me duele el estómago.*
> Me duele**n** + nombre plural
> *Me duelen los pies.*

6.3. 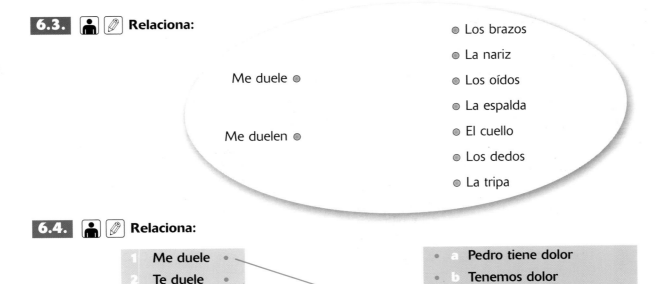 Relaciona:

Me duele ⊙

- ⊙ Los brazos
- ⊙ La nariz
- ⊙ Los oídos
- ⊙ La espalda
- ⊙ El cuello
- ⊙ Los dedos
- ⊙ La tripa

Me duelen ⊙

6.4. Relaciona:

1	Me duele •		• a	Pedro tiene dolor
2	Te duele •		• b	Tenemos dolor
3	Le duele •		• c	Jaime y Paz tienen dolor
4	Nos duele •		• d	Tengo dolor
5	Os duele •		• e	Tienes dolor
6	Les duele •		• f	Tenéis dolor

6.5. Resuelve el jeroglífico:

ÚLTIMAMENTE TRABAJO MUCHO. HOY ES VIERNES Y ___ DE VERDAD.

ADEMÁS, NO ME ENCUENTRO MUY BIEN, TENGO ___ Y ME ___

CREO QUE ___, POR LO MENOS 37 Y MEDIO. TENGO MUCHO FRÍO Y ___

CREO QUE ME VOY A METER ___ AHORA MISMO. SEGURO QUE ___

PORQUE ADEMÁS ___ ¡QUÉ HORROR!

6.6. Para el dolor. Con tu compañero, decid para qué sirven estos remedios:

- Una aspirina
- Un vaso de leche
- Un té
- Agua con sal
- Dormir mucho
- Ejercicio
- Gimnasia
- Yoga
- Un antibiótico
- Un coñac

Ejemplo: *Una **aspirina** y **dormir** mucho, para el dolor de cabeza.*

6.7. **Estás en la sala de espera del médico, donde es habitual en España contarle a otros pacientes tus enfermedades. Elige un personaje y cuenta quién eres y qué te pasa; seguro que encuentras apoyo moral.**

Nombre: Sara   **Edad:** 76 años

Observaciones:
- Tiene artritis.
- Le duelen los huesos, especialmente las manos.
- Vive sola. Sus hijos viven en otra ciudad.
- Habla sin parar.

Nombre: Antonio   **Edad:** 67 años

Observaciones:
- Tiene bronquitis crónica.
- Fuma muchísimo.
- Se queja siempre de los médicos.
- Está resfriado. Le duele la garganta y el pecho.

Nombre: Magdalena   **Edad:** 63 años

Observaciones:
- Tiene un dolor en la espalda. No sabe si es muscular o un dolor de riñones o lumbago.
- Está preocupada.

Nombre: Luis

Observaciones:
- Luis es canguro de Dani. Dani tiene 4 años.
- Está pálido. No quiere jugar. No tiene fiebre pero dice que le duele mucho el estómago.
- Su padre tiene problemas de estómago.

Nombre: Lucía

Observaciones:
- Madre de un niño de 3 meses.
- Es el primer niño.
- Tiene fiebre. Está llorando todo el tiempo. No quiere comer.
- La madre está muy preocupada.

AUTOEVALUACIÓN   AUTOEVALUACIÓN   AUTOEVALUAC

AUTOEVALUACIÓN

1. Clasifica los siguientes ejercicios para aprender español, según tus preferencias:

- Los juegos de lógica
- Los crucigramas
- Los ejercicios de huecos
- Los ejercicios de verdadero y falso
- Los "roleplay"
- Los ejercicios de dibujar
- Usar imágenes para hablar
- Las redacciones
- Los textos
- Los ejercicios de vocabulario
- Los ejercicios de hablar en parejas
- Las representaciones
- Hacer mímica
- Los juegos
- Los ejercicios de transformar oraciones
- Las audiciones
- Los ejercicios de pronunciación del español
- Los dictados
- Las traducciones
- El trabajo con diccionario
- Otros...

Me gusta _____   No me gusta _____

Me gustan _____   No me gustan _____

Me parece interesante _____   No me parece interesante

Me parecen interesantes _____   No me parecen interesant

AUTOEVALUACIÓN   AUTOEVALUACIÓN   AUTOEVALUAC

Unidad 7

Funciones comunicativas
- Descripción de una acción que se está realizando: hablar de la duración de una acción
- Expresar simultaneidad de acciones

Contenidos gramaticales
- *Estar* + gerundio
- *Seguir* + gerundio
- Verbos de tiempo atmosférico: *llover, nevar,* etc.
- *Hace* + *muy/mucho* + adjetivo/sustantivo
- Uso de la preposición *en*
- *Muy/mucho*

Contenidos léxicos
- El tiempo atmosférico
- En la costa/en el interior/en la montaña
- Los puntos cardinales
- Estaciones del año

1 ¿Qué tiempo hace?

1.1. 👥🗣 **Relaciona cada dibujo con expresiones de los recuadros.**

Hace +
- sol
- aire
- (mucho) viento
- (mucho) calor
- (mucho) frío
- fresco
- (muy) buen tiempo
- (muy) mal tiempo

- Llueve
- Nieva
- Hay + tormenta
- Está + nublado

1.2. 👥🎧 **Contesta este cuestionario y luego escucha la audición para comprobar tus respuestas.**
[36]

1 En España en verano hace...
- ☐ a. siempre mucho frío.
- ☐ b. mal tiempo.
- ☐ c. calor.
- ☐ d. viento.

2 Los Pirineos están en la frontera de España con...
- ☐ a. Irlanda.
- ☐ b. Alemania.
- ☐ c. Suecia.
- ☐ d. Francia.

3 En verano la gente en las playas...
- ☐ a. está tomando el sol.
- ☐ b. sigue nevando.
- ☐ c. está haciendo la comida.
- ☐ d. está trabajando mucho.

4 En el norte de España la gente lleva chaqueta porque...
- ☐ a. durante el día hace calor.
- ☐ b. llueve en invierno.
- ☐ c. en verano hace un poco de frío por la noche.
- ☐ d. hace mucho viento en las montañas.

1.2.1. 👥✏ **Lee el texto del diálogo y complétalo con las frases del recuadro.**

1. Bueno, en el norte de España, en los Pirineos, que están en la frontera con Francia, ahora también está lloviendo y en las playas del sur la gente está tomando el sol.

2. Aquí, depende. En el norte durante el día hace bastante calor; pero por la noche hace un poco de frío, necesitas una chaqueta, y en el sur hace muchísimo calor día y noche.

3. ¿Por qué? ¿Qué tiempo está haciendo ahora en tu país?

4. En agosto es normal.

Hans: *¡Uf! ¡Qué calor hace en España!*
Paco: ....
Hans: *Pues en mi país normalmente llueve en esta época.*
Paco: ....
Hans: *¡Qué diferencia con mi país!*
Paco: ....
Hans: *En las montañas está nevando y en el interior sigue lloviendo.*
Paco: ....

1.2.2. 👤 🎧 **Escucha de nuevo y comprueba tus respuestas.**
[36]

1.3. 👤 ✏️ **¿Verdadero o falso? Justifica tu respuesta.**

		Verdadero	Falso
1.	En el sur de España hace mucho frío.		
2.	En el sur de España llueve mucho en verano.		
3.	Por la noche, en el norte de España hace un poco de frío.		
4.	En el país de Hans ahora está nevando y sigue haciendo bastante sol.		
5.	En los Pirineos hace mucho viento.		

1.3.1. 👤 ✏️ **Rellena los espacios en blanco con un ejemplo. Puedes encontrarlos en las frases del ejercicio 1.3.**

Acción en desarrollo

Estar + gerundio (acción que se produce en el momento en que se habla)

[   ] **(mucho/muchísimo/bastante/un poco).**

Seguir + gerundio (continuación de una acción que viene del pasado)

[   ] **(mucho/muchísimo/bastante/un poco de)** [   ] **.**

Llover / Nevar

Presente: **llueve**   Presente: **nieva**

► *¡Cómo **llueve** / **nieva**!*
▷ *Sí, es increíble.*

Para hablar del tiempo

► *¡Qué frío/calor (hace)!*
▷ *Sí, hace un frío/calor/día horrible.*
▷ *Sí, hace mucho/muchísimo frío/calor.*
▷ *Sí, aquí siempre hace mucho/muchísimo frío/calor en esta época.*

► *¿Tiene/tienes frío/calor?*
▷ *¡Qué frío/calor tengo!*
▷ *Ah, pues yo, no.*

► *¿Qué día/tiempo hace allí?*
▷ *Hace un día muy/bastante bueno/malo.*
▷ *Hace mucho/muchísimo/bastante frío/calor.*
▷ *No hace nada de frío/calor.*
▷ *Estamos a X grados bajo cero.*

1.4. 👤 ✏️ **Completa según la información del texto:**

1. ¿Qué tiempo está .... en tu país?
   ☐ a. comiendo
   ☐ b. hace
   ☐ c. haciendo
   ☐ d. nevando

2. En las montañas está nevando y en el interior .... lloviendo.
   ☐ a. es
   ☐ b. tiene
   ☐ c. hace
   ☐ d. sigue

3. En el país de Hans normalmente .... en esta época del año.
   ☐ a. llueve
   ☐ b. hace mucho
   ☐ c. nieva
   ☐ d. es muy frío

4. En las playas la gente está .... el sol.
   ☐ a. comiendo
   ☐ b. tomando
   ☐ c. tomar
   ☐ d. siguiendo

2 Estaciones del año

2.1. [37] Escucha y relaciona los sonidos con una estación. Justifica tu respuesta.

2.2. [38] Estos son los doce meses del año. Completa con las vocales que faltan.

LOS MESES DEL AÑO

[ ] n [ ] r o	
f [ ] b r [ ] r [ ]	
m [ ] r z [ ]	
[ ] b r [ ] l	
m [ ] y [ ]	
j [ ] n [ ] [ ]	
j [ ] l [ ] [ ]	
[ ] g [ ] s t o	
s [ ] p t [ ] [ ] m b r [ ]	
o c t [ ] b r [ ]	
n o v [ ] [ ] m b r e	
d [ ] c [ ] m b r e	

2.3. Aprende este refrán:

Treinta días trae noviembre,
con abril, junio y septiembre.

3 Repetimos

3.1. Forma frases uniendo los elementos de las cajas.

> Usamos **muy** delante de adjetivo:
> *El sur es **muy** cálido.*
>
> Usamos **mucho, mucha, muchos, muchas** delante de nombres:
> *Hace **mucho** frío. Hay **muchas** nubes en el cielo.*
>
> Usamos **mucho** después del verbo:
> *Llueve **mucho**.*

· El clima en Marbella
· En invierno las noches
· En el oeste el tiempo
· En mi país
· Hoy
· En otoño
· En el este
· En los Pirineos no

llueve
hace
son
es
nieva

muy
mucho
ø

· bueno
· húmedo
· frío en invierno
· mal tiempo
· malo
· frías
· calor
· ø

3.2. Piensa en las distintas estaciones del año en tu país. Ahora, agrupa los meses según las estaciones del año y escribe frases como la del modelo.

Ejemplo: *En mi país, en enero estamos en invierno.*

3.3. 👥 ✏️ **Mira los dibujos y haz frases siguiendo el modelo.**

Está hablando *por teléfono*

Dos horas **más tarde, sigue hablando** *por teléfono.*

3.3.1. 👥 🅒 **Ahora, escribe dos frases más. Después, represéntalas mímicamente ante tu grupo. Tus compañeros tienen que adivinar qué has escrito.**

3.4. 🏃🏃 🗨(BLA) **Interpreta los jeroglíficos:**

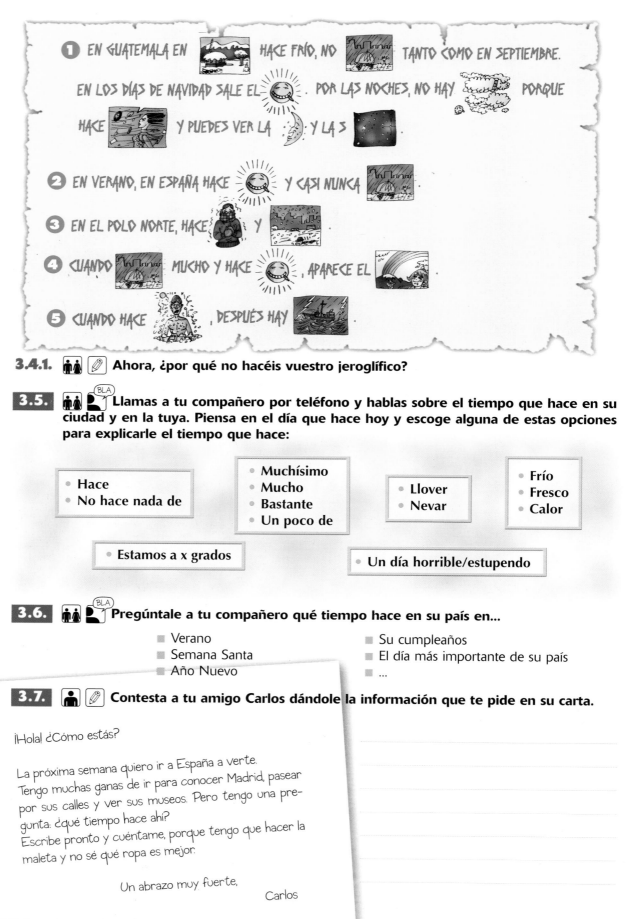

3.4.1. 🏃🏃 ✏️ **Ahora, ¿por qué no hacéis vuestro jeroglífico?**

3.5. 🏃🏃 🗨(BLA) **Llamas a tu compañero por teléfono y hablas sobre el tiempo que hace en su ciudad y en la tuya. Piensa en el día que hace hoy y escoge alguna de estas opciones para explicarle el tiempo que hace:**

- Hace
- No hace nada de

- Muchísimo
- Mucho
- Bastante
- Un poco de

- Llover
- Nevar

- Frío
- Fresco
- Calor

- Estamos a x grados

- Un día horrible/estupendo

3.6. 🏃🏃 🗨(BLA) **Pregúntale a tu compañero qué tiempo hace en su país en...**

- Verano
- Semana Santa
- Año Nuevo

- Su cumpleaños
- El día más importante de su país
- ...

3.7. 🏃 ✏️ **Contesta a tu amigo Carlos dándole la información que te pide en su carta.**

¡Hola! ¿Cómo estás?

La próxima semana quiero ir a España a verte.
Tengo muchas ganas de ir para conocer Madrid, pasear por sus calles y ver sus museos. Pero tengo una pregunta: ¿qué tiempo hace ahí?
Escribe pronto y cuéntame, porque tengo que hacer la maleta y no sé qué ropa es mejor.

Un abrazo muy fuerte,

Carlos

3.8. Escribe una pequeña redacción sobre el mes y la estación del año que prefieres y explica el porqué.

3.9. Mira las imágenes. Escoge una y descríbela utilizando los siguientes verbos, sustantivos y adjetivos. Tus compañeros tienen que decir de qué imagen estás hablando.

Verbos
- **nieva**
- llueve
- hace (frío/calor/sol/viento...)
- hay (nieve/niebla/tormenta...)
- es/está (caluroso/tranquilo...)

Adjetivos
- frío
- caluroso
- templado
- tranquilo
- suave
- húmedo
- seco
- nublado
- despejado

Sustantivos
- la nieve
- la lluvia
- el calor
- el frío
- la niebla
- el mar
- el cielo
- la temperatura
- la tierra

3.10. Escucha la siguiente grabación y completa el cuadro.
[39]

1. En las montañas [_____].

2. En el sur [_____] aproximadamente 35°.

3. [_____] sigue teniendo temperaturas muy agradables.

4. En la costa mediterránea no hay [_____].

5. En la costa mediterránea está [_____].

6. En las islas Canarias [_____] despejado.

7. En el centro el tiempo es [_____].

3.11. Escucha y reacciona.
[40]

3.12. 👤 🎧 **Escucha las siguientes conversaciones y señala en el dibujo a qué Comunidad**
[41] **Autónoma de España corresponden y qué tiempo hace allí.**

Antes de escribir una redacción, es bueno hacer un resumen con los puntos más importantes. Así podemos estructurar el texto mejor. Fíjate:

Tema: El clima en España

— Generalidades: *sur de Europa. Clima templado. País mediterráneo. Temperaturas agradables.*

— Diferencias climáticas *entre norte del país, sur del país, zona central del país.*

— Estaciones:

   • Verano: *sol, mucho calor. No hay agua.*

   • Invierno: *frío, viento, no llueve demasiado.*

   • Primavera: *lluvia. Buen tiempo. Flores, pájaros...*

   • Otoño: *precioso. Colores rojos.*

Ahora ya podemos escribir. Cada punto puede ser un párrafo.

Unidad 8

Funciones comunicativas

- Expresar/preguntar por la cantidad
- Hablar de la existencia, o no, de algo o de alguien
- Expresar duda, indecisión o ignorancia
- Preguntar por un producto y su precio

Contenidos gramaticales

- Presentes irregulares
- Pronombres de objeto directo
- Pronombres y adjetivos indefinidos:
  - *algo/nada*
  - *alguien/nadie*
  - *alguno/ninguno*
- Pronombres y adjetivos demostrativos
- Pronombres interrogativos
- Números cardinales del 101 al millón
- Preposición *para*

Contenidos léxicos

- Las compras
- Las tiendas
- El supermercado. La lista de la compra
- Relaciones sociales en España

1 De tiendas

1.1.   **Escucha y lee los siguientes diálogos e identifica dónde están. Justifica tu respuesta.**

[42]

1.
▷ ¡Buenos días! ¿Qué quería?
► Una camisa.
▷ ¿Cómo la quiere?
► Blanca.
▷ ¿Qué talla tiene?
► Uf, nunca me acuerdo. No estoy segura, pero creo que la 42.
▷ Tenemos estos modelos. ¿Le gusta alguno?
► Sí, esa. **¿Cuánto cuesta?**
▷ 25 euros.
► ¿Puedo probármela?
▷ Sí, por supuesto. Los probadores están al fondo a la derecha.(...) ¿Qué tal le queda?
► Pues, no sé... No estoy segura. Es estrecha y el cuello no me gusta... Creo que voy a pensarlo.

2.
▷ ¡Hola!
► ¡Hola, buenas tardes!
▷ ¡Buenas tardes! ¿Me da un metrobús por favor?
► Sí, un momento... aquí tiene. ¿Algo más?
▷ Sí. **¿Qué precio tienen** esos mecheros de ahí?
► Aquellos cuestan 2 euros y estos de aquí son más baratos: 1,50 euros.
▷ Entonces, uno de 1,50 euros.
► ¿De qué color lo prefiere?
▷ Pues... rojo, gracias.
► Aquí tiene. ¿Desea algo más?
▷ No, nada más, gracias.
► **Son 6,50 euros.**

3.
▷ ¿Hay alguien esperando para el pescado?
► No, no hay nadie. Es su turno. ¿Qué le pongo?
▷ ¿La merluza está fresca?
► ¡Fresquísima y buenísima!
▷ **¿A cómo está?**
► A 12,69 euros el kilo.
▷ Póngame esta de aquí.
► ¿Alguna cosita más?
▷ No, nada más, gracias.

4.
▷ Oiga, señorita, ¿me atiende, por favor?
► Sí, señora, ahora mismo.
▷ Mire, necesito un cepillo de dientes. ¿Me enseña alguno eléctrico?
► Pues en este momento no me queda ninguno, lo siento. ¿Alguna cosa más?
▷ No, nada más, gracias. Adiós.
► Hasta luego, gracias.

En una perfumería **a.** ■

En un mercado **b.** ■

En un estanco **c.** ■

En una tienda de ropa **d.** ■

1.1.1. 👤 ✏️ **Completa este cuadro con la información de los textos anteriores.**

	¿Dónde están?	¿Qué compran?	¿Cuánto cuesta?
1.			
2.			
3.			
4.			

1.1.2. 👥 🗨️ **¿Verdadero o falso? Explica tu respuesta.**

	Verdadero	Falso
1. La camisa cuesta menos que la merluza.	☐	☐
2. No hay ningún mechero en el estanco.	☐	☐
3. La clienta de la perfumería quiere un cepillo de dientes eléctrico, pero no puede ver ninguno porque no quedan.	☐	☐
4. La clienta de la tienda de ropa quiere una camisa blanca.	☐	☐
5. La mujer que quiere una camisa blanca está indecisa. No sabe si comprarla o no.	☐	☐
6. La merluza está a 14 euros y no está muy fresca.	☐	☐
7. El mechero, no lo compra.	☐	☐
8. No hay ningún probador en la tienda de ropa.	☐	☐

1.1.3. 👥 ✏️ **Contesta a estas preguntas:**

a. **¿Cuánto vale** la camisa?

....

b. ¿Qué quiere la señora que va a la perfumería?

....

c. ¿De qué color quiere el cliente el mechero?

....

d. ¿Hay alguien esperando antes de la clienta en la pescadería?

....

e. ¿Qué talla tiene la clienta que compra la camisa?

....

f. ¿Cuántos cepillos le quedan a la dependienta de la perfumería?

....

g. **¿Cuánto cuestan** los mecheros en el estanco?

....

1.2. 👤 ✏️ **Completa el siguiente cuadro buscando en los ejercicios anteriores los ejemplos. Para ayudarte, hemos puesto las expresiones en negrita.**

Para preguntar por el precio de algo/expresar la cantidad

- **Para preguntar por el precio de algo:**

  ▸ ¿.............................?

  ▸ ¿.............................?

  ▸ ¿.............................?

  ▸ ¿.............................?

  ▸ *¿Cuánto es?*

  ▸ *¿Qué le/te debo/doy?*

  ▸ *¿Me dice/s que le/te debo/doy?*

- **Para contestar:**

  ▷ *La merluza está a 11 euros el kilo.*

  ▷ *Las peras están a 1,20 euros el kilo.*

  ▷ *La camisa cuesta 46 euros.*

  ▷ *Las camisas cuestan 46 euros cada una.*

  ▷ *46 euros.*

  ▷ ....

Hablar de la existencia o no de algo o de alguien

▸ *No se ve **nada**.*

▸ *Allí hay **alguien**.*

▸ *Aquí hay **algo**.*
▷ *¿Qué es?*

- Para preguntar y hablar de la existencia o ausencia de una **cosa** o **información** sin especificar:

  ▸ *¿Sabes **algo de** física nuclear?*

  ▸ *Hay **algo** aquí que no me gusta.*

  ▸ ***No** hay **nada** que me disguste.*

- Para preguntar y hablar de la existencia o ausencia de una **persona**:

  ▸ *¿Conoces a **alguien** en esta ciudad?*

  ▸ ***Alguien** pregunta por tu hermano.*

  ▸ *Aquí **no** hay **nadie**.*

- Para preguntar y hablar de la existencia o inexistencia de **personas** o **cosas**:

  ▸ *¿Conoces a **algún** buen especialista en Dietética?*

  ▷ *Pues, en mi sociedad médica hay **algunos** realmente buenos.*

  ▸ *No tengo **ningún** libro sobre este tema.*

PRONOMBRES, ADJETIVOS Y ADVERBIOS NEGATIVOS
Si el pronombre, adjetivo o adverbio se coloca detrás del verbo hay doble negación.
El adverbio de negación "NO" desaparece si la frase comienza por pronombre, adjetivo o adverbio negativo.

Ejemplos:

*Hoy **no** puede venir **nadie** a mi fiesta.* → *Hoy **nadie** puede venir a mi fiesta.*
***No** hay **ninguna** solución para el problema.* → ***Ninguna** solución hay para el problema.*
***No** está **nunca** en casa.* → ***Nunca** está en casa.*

Adjetivos y pronombres indefinidos

Para hablar de la existencia o no de algo o alguien:

	Adjetivos indefinidos		Pronombres indefinidos	
	afirmativo	negativo	afirmativo	negativo
singular	algún / alguna	ningún / ninguna	alguno / alguna	ninguno / ninguna
plural	algunos / algunas	ningunos / ningunas	algunos / algunas	ningunos / ningunas
			algo (cosa)	nada (cosa)
			alguien (persona)	nadie (persona)
			algo de (parte de algo)	nada de (parte de algo)

1.3. 📱 ✏️ **Completa el diálogo con las siguientes palabras:**

> nada • algún • alguna (2) • algunos (2) • ninguno • algo

[En una perfumería]

▷ *Buenos días. ¿Quiere ....?*

▶ *Sí, quería ver .... cosa para regalo.*

▷ *¿Para caballero o para señora?*

▶ *Para caballero. ¿Tiene .... perfume de oferta?*

▷ *Sí, por supuesto. Tenemos .... en ese pasillo de ahí.*

▶ *¿Tiene un perfume que se llama "Machomen"?*

▷ *No, no queda ...., pero hay .... muy parecidos.*

▶ *Bien, me llevo este.*

▷ *Muy bien. ¿....................... cosa más?*

▶ *No, gracias. .... más. ¿Cuánto es?*

▷ *Son 36,28 euros.*

1.3.1. 📱 🎧 **Escucha el diálogo y comprueba.**
[43]

1.3.2. 👫 ✏️ **Imagina que estás en una tienda de ropa y complementos. Escribe con tu compañero un diálogo similar al del ejercicio 1.3. Después, representadlo para la clase.**

1.4. 📱 🎧 **Escucha las siguientes conversaciones y completa los datos que faltan.**
[44]

Diálogo 1

▷ *¿Qué ....?*

▶ *Una camisa.*

▷ *¿Cómo .... quiere?*

▶ *Blanca y de manga larga.*

Diálogo 2

▷ *¿... están estos tomates de aquí?*

▶ *A 2 euros el kilo.*

▷ *....................... kilo y medio.*

▶ *¿....................... más?*

▷ *No, gracias. .... más.*

CONTINÚA ····▶

Diálogo 3

▷ *Necesito unos zapatos cómodos.*

► *¿De qué color .... quiere?*

▷ *Negros.*

► *¿Qué número tiene?*

▷ *El 42.*

► *Tenemos estos modelos. ¿Le gusta ....?*

▷ *Pues..., no, la verdad. No me gusta .... Lo siento.*

Diálogo 4

▷ *¿Cuánto .... las cintas de vídeo?*

► *Están de oferta: estas valen 2,65 euros cada una.*

▷ *Vale, me .... llevo.*

Adjetivos y pronombres demostrativos

	masculino	**femenino**
singular	este/ese/aquel	esta/esa/aquella
plural	estos/esos/aquellos	estas/esas/aquellas

► *¿**Esos** plátanos son baratos?*
▷ ***Estos** de aquí sí, pero **aquellos** de allí son más caros.*

► *¿Quiere un kilito de **esas** naranjas?*
▷ *Sí, deme naranjas, pero no de **estas** de aquí, deme de **aquellas** de allí.*

Pronombres demostrativos neutros

Esto *¿Qué es **esto**? Un ordenador.*

Eso *¿Qué es **eso**? Un abrigo.*

Aquello *¿Qué es **aquello**? Un avión.*

1.5. 👤 ✏️ **Tenemos tres listas de objetos situados en diferentes puntos. Tú estás en el círculo. ¿Qué demostrativo puedes utilizar para señalar cada objeto?**

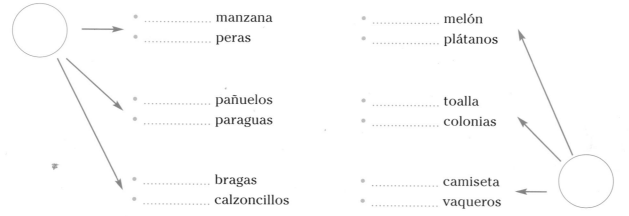

• .... manzana
• .... peras

• .... melón
• .... plátanos

• .... pañuelos
• .... paraguas

• .... toalla
• .... colonias

• .... bragas
• .... calzoncillos

• .... camiseta
• .... vaqueros

1.6. ◆ © **Elige tres cosas, mejor si no sabes cómo se llaman en español. Ahora escucha las instrucciones de tu profesor.**

Ejemplo: *¿Qué es aquello? Una estrella.*

1.7. 👥 ✎ **Relaciona:**

1 Los plátanos •	• **a** **La** compro.
2 Las peras •	• **b** No **los** compro.
3 El melón •	• **c** **Las** quiero de agua.
4 La sandía •	• **d** No **lo** quiero tan grande.

Pronombres de objeto directo

	1ª persona	2ª persona	3ª persona	
			femenino	masculino
(singular)	**me**	**te**	**la**	**lo** (le)
(plural)	**nos**	**os**	**las**	**los**

> ► *¿Vas a hacer la comida?*
> ▷ *Sí, **la** hago ahora mismo.*
>
> ► *¿Quién tiene las notas?*
> ▷ ***Las** tengo yo.*

> ► *¿Tienen ya el coche?*
> ▷ *No, pero **lo** arreglan hoy mismo.*
>
> ► *¿Ves a los niños desde aquí?*
> ▷ *Pues no, la verdad es que no **los** veo.*

1.8. 👤 🎧 **Escucha las siguientes conversaciones y señala de qué están hablando.**
[45]

Diálogo 1:	Diálogo 2:	Diálogo 3:	Diálogo 4:
☐ Un proyector	☐ Un cepillo de dientes	☐ Unas revistas	☐ Unas patatas
☐ Una cámara de vídeo	☐ Una colonia	☐ Unos periódicos	☐ Unas plantas
		☐ Unos libros	☐ Unos tomates

La **fiesta** de cumpleaños **2**

2.1. 👥 🔤 **Quieres hacer una fiesta sorpresa para un amigo que cumple años y vas a cocinar el plato típico de tu país. Prepara la lista de la compra para ir al supermercado. Clasifica las fotografías de los alimentos que tiene el profesor. ¿A qué sección debes ir a buscar cada cosa (frutería, carnicería, pescadería, panadería, pastelería, charcutería...)?**

Ejemplo: *El pan **lo** compramos en la panadería.*

2.2. 👤 📖 Tu amigo español decide hacer gazpacho para llevar a la fiesta y busca en su libro de cocina; esta es la receta:

gazpacho

¿Qué ingredientes lleva?	¿Cómo se prepara?
✔ 2 kilos de tomates muy rojos ✔ 1 pimiento verde ✔ 1 kilo de pepinos ✔ 1 cebolla ✔ 2 dientes de ajo ✔ 1/2 barra de pan duro ✔ 4 cucharadas de aceite de oliva ✔ Un poco de vinagre y sal ✔ 2 ó 3 vasos de agua fría	El gazpacho es un plato típico de Andalucía. ¡Es muy fácil! Primero pelas los tomates y los pepinos y los cortas en trozos pequeños junto con el pimiento, la cebolla, el ajo, y el pan duro. Al final, añades el aceite, el vinagre y la sal y bates todo con la batidora. Echas agua fría y/o hielo. ¡Buen provecho!

2.2.1. Subraya los verbos. ¿Sabes qué significan? ¿Conoces otros verbos relacionados con la cocina?

2.2.2. En una cocina hay muchas cosas. Ayúdanos a saber qué son y para qué sirven. Por supuesto, usa el diccionario.

- Usamos la preposición **para** + **infinitivo** cuando queremos marcar la finalidad o el objetivo de algo.
  *La cuchara es **para** comer sopa.*

- Usamos **para qué**, si preguntamos por la finalidad u objetivo de algo.
  *¿**Para qué** lo quieres?*

- **Para** + **nombre** o **pronombre** indica el destinatario o beneficiario de algo.
  *Estas flores son **para** ti.*
  *Este dinero es **para** Intermón.*

Ejemplo: *Es un **delantal; para** no ensuciarte la ropa cuando cocinas.*

1. ....
2. ....
3. ....
4. ....
5. ....
6. ....
7. ....
8. ....
9. ....
10. ....

2.2.3. 👤 ✏️ Ahora, escribe tu receta.

3.1. Pregunta a tu compañero cuánto cuestan las cosas de tu cartón.

alumno a

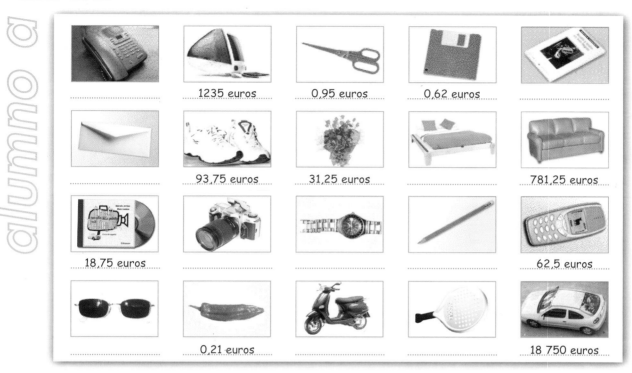

1235 euros · 0,95 euros · 0,62 euros

93,75 euros · 31,25 euros · 781,25 euros

18,75 euros · 62,5 euros

0,21 euros · 18 750 euros

alumno b

100 euros · 21,87 euros

0,062 euros · 375 euros

75 euros · 38,75 euros · 0,18 euros

43,75 euros · 12 500 euros · 95 euros

3.2. Con 200 euros, ¿qué artículos podéis comprar?

3.3. 🧑 🎧 **Escucha los siguientes números y completa los que faltan.**
[46]

LOS NÚMEROS 2

100	....
101	.... uno
200	....
212	.... doce
400	....
435	.... y ....
500	....
546	.... cuarenta ....
600	....
607	seiscientos ....
700	....
777	.... y siete
900	....

1000	....
2015	.... quince
6000	.... mil ....
15 000	.... mil ....
17 765	.... mil ....
	.... y ....
20 000	.... mil ....
100 000	.... mil ....
505 677	....
	.... y ....
1 000 000	....
5 340 999	....
	.... y ....

3.4. 👥 📖 **Algunas cosas cambian en algunos países. Contesta al siguiente cuestionario.**

En España, normalmente...	En mi país...		
	Igual	**Parecido**	**Diferente**
Abren las tiendas de 10 a 2 y de 5 a 8 h.	☐	☐	☐
"Mediodía" se refiere a la hora de comer (14-16 h.).	☐	☐	☐
No está bien preguntar cuánto gana la gente.	☐	☐	☐
Si vamos a visitar a alguien le llevamos un detalle.	☐	☐	☐
Cuando un grupo de amigos toma algo en un bar, uno de ellos invita (paga).	☐	☐	☐
Decimos "Buenas tardes" hasta que llega la noche, independientemente de la hora.	☐	☐	☐

3.4.1. 👥 🗣️BLA **Ahora cuenta al resto de la clase cómo son las cosas en tu país.**

Piensa y escribe:

- Lo más interesante de la unidad
- Lo más confuso
- El ejercicio más productivo
- El ejercicio más aburrido

Escribe tres cosas que ya sabes de otras unidades.

Escribe tres cosas nuevas de esta unidad.

En el último ejercicio, vemos cómo se comportan los españoles en algunas ocasiones. Conocer las costumbres y los hábitos de los españoles te ayuda a entenderlos y aprender mejor.

Unidad 9

Funciones comunicativas
- Hacer planes y proyectos
- Hacer sugerencias
- Aceptar y rechazar una sugerencia
- Expresar obligación

Contenidos gramaticales
- *Ir a* + infinitivo
- *Pensar* + infinitivo
- *Preferir* + infinitivo
- *Querer* + infinitivo
- *Poder* + infinitivo
- *Hay que* + infinitivo
- *Tener que* + infinitivo
- *Deber* + infinitivo

Contenidos léxicos
- Actividades de ocio y tiempo libre
- Viajes

1 Planes y proyectos

1.1. 👤 📖 **Lee este diálogo:**

Juan: *Oye, ¿qué vas a hacer en Nochevieja?*
María: *Pienso ir a una fiesta que van a organizar unos amigos míos, ¿y tú?*
Juan: *Yo quiero ir al pueblo de mis padres, pero no sé si voy a poder, porque ellos prefieren quedarse aquí.*
María: *Mi familia va a pasar todas las fiestas en el pueblo, pero yo voy a quedarme porque tengo que trabajar.*
Juan: *¿Pero el día 31 debes trabajar?*
María: *Sí, hay que abrir la tienda hasta las dos y mi jefe no puede estar porque tiene que ir a Sevilla para pasar la noche con los suyos.*
Juan: *Bueno, ¿y tú y yo cuándo nos vamos a ver?*
María: *Podemos quedar después de las fiestas. ¿Qué tal el día 10?*
Juan: *Vale, pues entonces hasta ese día.*

1.2. 👥 ✏️ **¿Has visto? En el texto aparecen varios verbos seguidos de infinitivo, por ejemplo:** *vas a hacer*, **pero hay más, búscalos y añádelos a la lista del cuadro.**

.... ir a ....
....
....
....
....
+ infinitivo
....
....
....
....

1.3. 👥 ✏️ **Con estas construcciones expresamos diferentes cosas (deseos, intenciones...) y también nos permiten hablar de acciones en futuro. Vuelve a leer el texto y con la ayuda del profesor escribe en la nube todas las frases que expresen ese tiempo verbal.**

Juan expresa futuro cuando dice:

Y María...

Así es, con la perífrasis **IR A + INFINITIVO** podemos hablar de nuestros planes y proyectos, porque expresa un futuro próximo o inmediato; normalmente la acompañamos de las siguientes marcas temporales:

- esta tarde
- esta noche
- este fin de semana
- este verano

- la próxima semana
- el mes que viene
- mañana
- ...

Esta noche voy a ver a Pedro.
Pasado mañana vamos a empezar el trabajo.
¿Vas a comprarte el coche este año?
Sara no va a venir a trabajar hoy.

1.4. **Haz estas preguntas a tu compañero:**

¿Dónde vas a cenar esta noche?

¿Qué vas a hacer esta tarde?

¿Dónde vas a ir después de clase?

¿Qué vas a visitar el fin de semana?

¿Qué vas a hacer durante la pausa?

¿Vas a salir de copas esta noche?

¿Con quién vas a comer hoy?

¿Vas a leer luego el periódico?

¿Vas a ver una película esta tarde?

¿Vas a llamar a tu familia hoy?

Para expresar la intención de hacer algo en el futuro podemos usar otra forma que has visto en el texto 1.1., se trata de **PENSAR + INFINITIVO**. Mira:

El día treinta y uno pienso ir a una fiesta.

Podemos decir **voy a ir a** una fiesta y, en realidad, expresamos lo mismo, pero ahora conoces una forma más para hablar de tus intenciones, planes y proyectos para el futuro.

1.5. **Aquí tienes unas hojas de la agenda de Juan. La información no está muy clara, así que primero pregunta a tu compañero lo que no entiendas.**

alumno a

Viernes
- De 10:30 a 14:00, clase de inglés
- A las 17:00, partido tenis
- Cumpleaños de Pepe

Sábado
- Limpieza en casa y la compra
- Comida con la familia
- A las 22:30, teatro ~~(Historia una escalera)~~

Domingo
- Rastro y aperitivo con Andrés
- A las 21:00, cena con Marta

alumno b

Viernes
- De 10:30 a 12:00, ~~clase ingés~~
- A las 17:00, partido de tenis
- Cumpleaños de Pepe

Sábado
- Limpieza en casa y la compra
- Comida con la familia
- A las 22:30, teatro ("Historia de una escalera")

Domingo
- Rastro y aperitivo con Andrés
- A las 21:00, ~~cena con Marta~~

1.6. **Y ahora, ¿por qué no redactas lo que va a hacer Juan el fin de semana que viene?**

Juan, el viernes por la mañana, piensa..._____

_____

2 La **obligación**. **Sugerir** y **recomendar**

Mira de nuevo la agenda de Juan. ¿Puede Juan cenar con Marta el viernes?
Para responder negativamente a *puede* + **infinitivo** justificando la respuesta usamos formas
como: *no, es que… / no, no puede porque…* Mira:

> *No, es que el viernes a las diez tiene que ir a un cumpleaños.*

Utilizamos la forma **TENER QUE + INFINITIVO** para expresar obligación o recomendar
algo enfáticamente. Recuerda los ejemplos que aparecieron en el texto inicial:

> *Voy a quedarme porque tengo que trabajar.*
> *Mi jefe no puede estar porque tiene que ir a Sevilla.*

2.1. Ahora, mirando la agenda de Juan, responde a estas preguntas:

> **1.** ¿Puede el sábado por la noche salir de copas?
> **2.** ¿Puede el domingo por la mañana jugar al tenis?
> **3.** ¿Puede el viernes por la mañana hacer la compra?
> **4.** ¿Puede el sábado por la noche visitar a sus padres?
> **5.** ¿Puede el domingo por la mañana ir al museo del Prado?

2.2. Siguiendo el modelo del ejercicio anterior, prepara junto a tu compañero un
diálogo y luego presentadlo al resto de la clase. Uno de vosotros es A y el otro B y que-
réis quedar la semana que viene para tomar un café juntos, pero es difícil porque vuestras agendas están muy llenas.

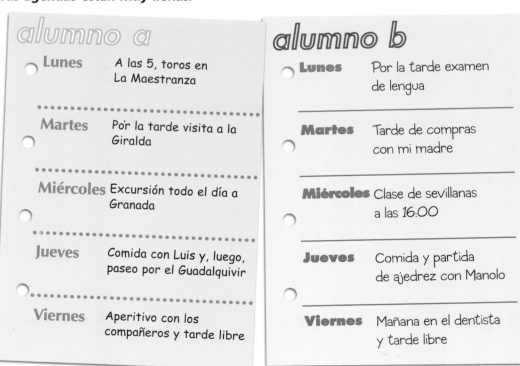

alumno a

Lunes	A las 5, toros en La Maestranza
Martes	Por la tarde visita a la Giralda
Miércoles	Excursión todo el día a Granada
Jueves	Comida con Luis y, luego, paseo por el Guadalquivir
Viernes	Aperitivo con los compañeros y tarde libre

alumno b

Lunes	Por la tarde examen de lengua
Martes	Tarde de compras con mi madre
Miércoles	Clase de sevillanas a las 16:00
Jueves	Comida y partida de ajedrez con Manolo
Viernes	Mañana en el dentista y tarde libre

2.2.1. Por cierto, ¿en qué ciudad estáis?

2.3. 🧍 ✍️ **Pero además de** TENER QUE + INFINITIVO **usamos otras formas para expresar la obligación y hacer recomendaciones. Lee el siguiente texto y encuéntralas.**

Conoce

Si quieres conocer bien a los madrileños, tienes que salir mucho, porque la gente de Madrid pasa bastante tiempo en la calle.

Durante la semana, debes ir a los bares donde la gente toma café o una caña con los amigos después del trabajo.

Tienes que desplazarte en los transportes públicos, y debes visitar también algún barrio de la periferia, no sólo el centro.

Para conocer a los madrileños hay que ir a las fiestas de algún barrio, comer un buen cocido, pasear el domingo por el Rastro, tomar el aperitivo en alguna terraza cuando hace buen tiempo y, sobre todo, hay que conocer la noche, porque los madrileños son noctámbulos y, si quieres verlos relajados y alegres, debes tomarte primero varios cafés para luego poder seguirlos en sus itinerarios nocturnos.

2.3.1. 👫 ✏️ **Escribe tú las otras dos formas que aparecen en el texto para expresar obligación y hacer recomendaciones y dos ejemplos de cada una, tomados de los dos textos de la unidad.**

• Tener que + infinitivo

    1. Voy a quedarme porque tengo que trabajar.

    2. Si quieres conocerlos, tienes que salir...

• ....

    1. ....

    2. ....

• ....

    1. ....

    2. ....

• **TENER QUE + INFINITIVO**

Utilizamos esta estructura cuando queremos expresar una obligación inexcusable o recomendar algo enfáticamente.

    – *No puedo acompañarte, porque tengo que ir al médico.*

    – *Sale de casa a las siete, porque a las ocho tiene que coger un tren.*

• **DEBER + INFINITIVO**

Sentimos la obligación, pero no es inexcusable. Usamos esta estructura también para dar consejo.

    – *Debo estudiar, pero es que no me apetece.*

    – *Debes fumar menos.*

• **HAY QUE + INFINITIVO**

Expresamos una obligación impersonal, generalizada.

    – *Para viajar allí hay que tener un visado.*

    – *Hay que apretar este botón para apagar el PC.*

2.4. 👥 ✏️ **Escribe, usando las tres estructuras de obligación, qué es necesario hacer para:**

ganar mucho dinero en poco tiempo, en general...

olvidar pronto un amor, mis consejos son que...

aprender bien un idioma, yo, en particular...

conseguir un buen trabajo, creo que...

2.5. 👥 🗨️ **Escribe tus ideas y dinos qué cosas hay que hacer para conocer bien a la gente de tu ciudad.**

3 ¿Qué hacemos?

3.1. 👤 🎧 [47] **Vas a escuchar un diálogo entre dos personas. Fíjate en dos cosas: ¿cuál es el tema de la conversación?, y ¿qué quiere hacer el chico?**

El tema es...

El chico quiere...

3.2. 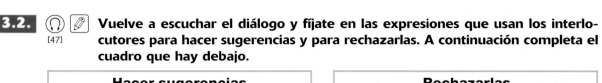 **Vuelve a escuchar el diálogo y fíjate en las expresiones que usan los interlocutores para hacer sugerencias y para rechazarlas. A continuación completa el cuadro que hay debajo.**

[47]

	Hacer sugerencias	Rechazarlas
1.		
2.		
3.		
4.		

3.3. 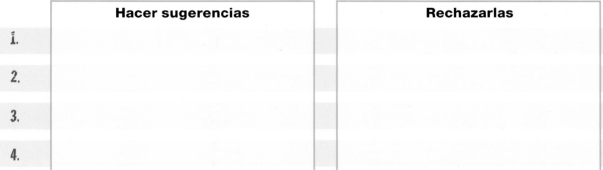 **Pero si queremos aceptar una sugerencia, ¿qué expresiones podemos usar? Con la ayuda del profesor, rellena los bocadillos.**

3.4. 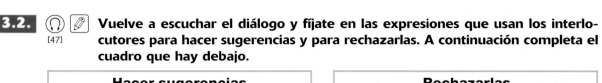 **Vas a escuchar el diálogo una tercera vez. Fíjate qué países o ciudades se mencionan y por qué se rechaza cada uno de ellos. Toma nota en la siguiente tabla.**

[47]

	Lugares	Motivo del rechazo
1.		
2.		
3.		
4.		
5.		

3.5. **¿Por qué no practicas junto a tu compañero todas estas expresiones? Podéis haceros sugerencias y aceptarlas o rechazarlas según vuestros intereses. Usad cada una de las expresiones que ya conocéis y poned atención en la entonación.**

¿Por qué no vamos a París?

Vale, vamos a París.

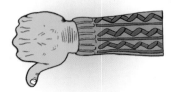

¡Otra vez! No.

3.6. Ahora prepara, con un compañero, un diálogo como el que has oído. Haced sugerencias y dad razones para rechazarlas. No es necesario que lo escribas, solo toma notas en la tabla como has hecho antes.

Un restaurante:	Una película:	Un curso:	Un viaje por Galicia:
Francés	Oeste	Ballet	Tren
Chino	Terror	Guitarra	Autobús
Iraní	Humor	Español	A dedo
Italiano	Musical	Dibujo	Coche
Ruso	Bélica	Internet	Avión
Japonés	Intriga	Chino	Bici
Alemán	Amor	Piano	Moto

Sugerencias:

Respuestas:

AUTOEVALUACIÓN

1. **De la siguiente lista, marca las cosas que piensas hacer para aprender mejor español.**

   ☐ Tengo que escribir más

   ☐ Tengo que hacer más ejercicios gramaticales

   ☐ Debo escuchar programas y música en español

   ☐ Voy a viajar a un país de habla hispana

   ☐ Voy a leer en español

   ☐ Otros...

2. **Cuando no conoces una palabra, normalmente:**

   ☐ ¿Le pides al profesor que la traduzca a tu lengua?

   ☐ ¿La buscas en el diccionario?

   ☐ ¿Intentas saber su significado por el contexto (por las palabras de alrededor)?

   ☐ ¿Pides al profesor una explicación, una palabra similar o una palabra opuesta?

   ☐ ¿Buscas más palabras similares, de la misma familia?

   ☐ ¿Piensas si se parece a alguna palabra en tu lengua?

   ☐ ¿..?

   > Cuando aprendemos palabras, es importante hacer una frase en la que aparezcan para comprender bien su significado.

Unidad 10

Funciones comunicativas

- Dar/pedir una opinión
- Expresar acuerdo y desacuerdo
- Expresar causa y preguntar por la causa de algo

Contenidos gramaticales

- La negación:
  - *nunca, jamás, nunca jamás...*
  - *no… ni… ni...*
  - *¡qué dices!*
  - *¡ni hablar!*
  - *bueno, bueno, no…*
- Expresar opinión:
  - *me parece que...*
  - *creo que...*
  - *para mí,...*
- Organizadores del discurso
  - *en primer lugar,...*
  - *además,...*
  - *por otra parte,...*
  - *pero,...*
  - *por último,...*
  - *por qué/porque*

Contenidos léxicos

- Los tópicos sobre nacionalidades: adjetivos relativos al tema
- Léxico relacionado con el modo de vida de los españoles

1 No, no y no

1.1. Escucha los siguientes diálogos y fíjate en las expresiones en negrita:

1. (Ana y Alberto son novios y están enfadados. Ana habla con su amiga Rosa)

Ana: *¡Alberto es imbécil!*
Rosa: ***Bueno, bueno, no*** *lo creo. Además, te quiere mucho. Tienes que hablar con él.*
Ana: *¡**Ni hablar! No** quiero **ni** verlo.*

2. (Sergio y Julio son hermanos. Sergio siempre pide dinero a Julio. Julio está harto)

Julio: *¿Qué quieres ahora?*
Sergio: *Nada... que voy a salir con unos amigos y **no** tengo "pasta".*
Julio: *Tú como siempre. ¡**Nunca** tienes dinero! Pues **no** te voy a dar **nada**.*
Sergio: *¡Anda!, solo diez euros.*
Julio: *¡**Que no!***

3. (Irene recuerda con horror su último viaje en avión)

Madre: *¿Qué tal el viaje, hija?*
Irene: *¡Uf!, fatal, horrible. **No** vuelvo a viajar en avión **nunca jamás**, ¡qué miedo!*

4. (En casa de la abuela)

Abuela: *¿Quieres comer algo?*
Nieto: ***No**, gracias, abuela. **No** tengo hambre.*
Abuela: ***No** comes **nada**, hijo. ¿De verdad **no** tienes hambre?*
Nieto: ***Que no, no**, abuela. **Para nada**, de verdad.*

5. (Philip desayuna por primera vez con su familia española)

Madre: *¡Philip, venga, a desayunar!*
Philip: *¡Uahhh! Hola, buenos días.*
Madre: *¿Quieres café?*
Philip: *No, gracias.*
Madre: *¡Ah, claro!, prefieres té.*
Philip: *Oh, no, lo siento. Es que **no** me gustan **ni** el té **ni** el café.*
Madre: *¡Vaya por Dios!*

En español hay diferentes formas de decir **no**. Es muy difícil escuchar a un español decir solamente **no**.

1.2. 👥 ✏️ **¿Cómo podemos decir "no" en español? Trabaja con tu compañero. Los diálogos anteriores pueden servirte de guía.**

Negación neutra o débil	Negación fuerte	Doble negación

1.3. 👥 ✏️ **Tu amigo está respondiendo a una encuesta por teléfono. A partir de las respuestas, reconstruye con tu compañero las preguntas y el tema de la encuesta.**

Encuestador: ....
Tu amigo: *No, vivo solo.*
Encuestador: ....
Tu amigo: *No, nunca.*
Encuestador: ....
Tu amigo: *Tres veces al día.*
Encuestador: ....
Tu amigo: *No, no, para nada.*
Encuestador: ....
Tu amigo: *Un café y una tostada.*
Encuestador: ....
Tu amigo: *Nada.*
Encuestador: ....
Tu amigo: *Normalmente con nadie.*

Tema de la encuesta:

1.4. 👤 🎧 **En español, la entonación**
[49] **puede cambiar el significado de algunas expresiones. Escucha y marca qué significan las frases en cada diálogo:**

	Sí	No
1 ¡Claro, hombre!	☐	☐
2 ¡Qué dices! ¿Cómo que no?	☐	☐
3 ¡Sí, hombre!	☐	☐

España y los españoles 2

2.1. 👤 📖 **Vamos a leer las opiniones de tres personas sobre los días festivos en España. Después, contesta a las preguntas del ejercicio 2.1.1.**

¿Hay demasiados días festivos en España?

1.

> *En España hay muchos días festivos y eso no es lo más grave. Lo peor es que están desorganizados y esto es malo para la economía. Con los "puentes" y "viaductos" España pierde mucho dinero.*
>
> *José María Cuevas (presidente de la CEOE)*

CONTINÚA ····▸

2.

De los países de la Unión Europea, solo Italia tiene más fiestas que España. Pero esto no quiere decir nada, porque si contamos el número de horas efectivas de trabajo, España está entre los cinco primeros países.

Juan Ariza (secretario de Estudios de CC.OO.)

Textos adaptados de *QUO*

3.

De acuerdo con el Vaticano, el Estado reconoce como días festivos todos los domingos y siete fiestas nacionales de carácter religioso. Luego, las comunidades autónomas y los ayuntamientos eligen otras dos que normalmente son religiosas también. Creo que en total no son tantas.

Jesús de las Heras (jefe de prensa de la Conferencia Episcopal)

2.1.1. **Tenemos tres opiniones diferentes sobre las fiestas:**

- ¿Quién cree que no son demasiadas?
- ¿Quién piensa que son muchas?
- ¿Quién opina que lo importante son las horas de trabajo y no los días de fiesta?

2.1.2. **Busca en los textos una frase que sea similar a las que te proponemos:**

- Y eso no es lo peor.
- España es el segundo país de la Unión Europea con mayor número de fiestas.
- Esto no significa nada.
- El Estado y el Vaticano coinciden en identificar como días festivos todos los domingos.
- Además, los gobiernos regionales escogen dos más.

2.1.3. **Busca en los textos la palabra que significa lo mismo que las expresiones siguientes:**

1. No tener orden	
2. Un fin de semana largo	
3. La iglesia católica	

- **Para dar una opinión podemos decir:**

  (Yo) **creo que / pienso que**

  Para mí,

  (A mí) **me parece que**

  En mi opinión,

  } **+ opinión**

  Ejemplo: *Para mí, estudiar lenguas es muy positivo.*

- **Para pedir una opinión:**

  ¿Tú qué crees?

  ¿Qué opinas de + tema?

  ¿Qué te parece/n...?

Para expresar una opinión, el verbo **parecer** se construye igual que el verbo **gustar**.

(A mí) me parece una buena idea.   *(A nosotros) nos parece fenomenal.*
(A ti) te parece bien ir al cine.   *(A vosotros) os parece que está mal.*
(A él) le parecen originales sus opiniones.   *(A ellos) les parece fatal.*

2.2. **Con ayuda de tu compañero, rellena el cuadro con el número de fiestas al año que crees que hay en cada país.**

País	Fiestas al año
Italia	◯
Portugal	◯
España	(14)
Venezuela	◯
Francia	◯
Estados Unidos	◯
Alemania	◯
Grecia	◯
Dinamarca	◯
Irlanda	◯
Reino Unido	◯
Brasil	◯

Mayo

Lunes	Martes	Miércoles	Jueves	Viernes	Sábado	Domingo
		1	2	3	4	5
6	7	8	9	10	11	12
13	14	15	16	17	18	19
20	21	22	23	24	25	26
27	28	29	30	31		

2.2.1. **Ahora que tu profesor te ha dado la solución, ¿cuál es tu opinión?**

2.3. **Aquí tienes diferentes adjetivos. Escribe en un cuadro los que te parecen positivos y en otro los negativos. Usa tu diccionario. Después, escribe tres adjetivos más en cada cuadro.**

> violento • fantástico • bien • estupendo • soso • ruidoso • sabroso • fatal
> animado • exótico • cómodo • horrible • interesante • malo • lógico • absurdo
> entretenido • divertido • excelente • aburrido • bueno • acogedor

NEGATIVOS	POSITIVOS

2.3.1. **¿Qué opinión tenéis de estos temas?**

> Si tu opinión es neutra, usa: **no está/n mal**.

Ejemplo: ▷ *¿Qué opinas de las películas de Sylvester Stallone?*
▶ *Me parecen demasiado violentas.*

alumno a
- *La comida española*
- *Las ciudades grandes*
- *El español*
- *Los viajes espaciales*

alumno b
- *Barcelona*
- *Los coches grandes*
- *Los españoles*
- *La comida china*

2.4. Con tus compañeros, piensa en diferentes temas de actualidad.

Ejemplo: • ....Uso y abuso de internet.... • ....
• .... • ....
• .... • ....

2.4.1. Ahora, haz una encuesta entre otros grupos de la clase para saber su opinión sobre esos temas. Usa *¿qué te/os parece...?*

2.5. ¿Crees que los extranjeros conocen tu país? Escribe tus opiniones sobre la realidad o no de los estereotipos que lo identifican.

2.5.1. Ahora, leed vuestros textos y discutid si estáis de acuerdo con las opiniones de vuestros compañeros.

Estamos de acuerdo en que	Estamos parcialmente de acuerdo en que	No estamos para nada de acuerdo en que

2.6. Lee este texto:

Así somos

El retrato más completo de los españoles por comunidades autónomas

Los navarros son los más altos y los que más compran el periódico y, por el contrario, los extremeños son los más bajitos; los asturianos y gallegos son los más gordos y los riojanos los más delgados. Los madrileños, los que más viajan y más van al cine. Los andaluces son los que caen más simpáticos y los que más hijos traen al mundo y los catalanes los que más verduras comen y menos van a misa.

Los españoles ahora nos casamos menos, nos divorciamos más y tenemos menos hijos. Vivimos unos 77 años. Y son los castellano-leoneses los más longevos.

Galicia es la comunidad autónoma que más bares tiene; sin embargo, en Ceuta y Melilla beben poco, porque hay muchos musulmanes; además, son los más deportistas de España. Los cántabros son los que más fuman. Los españoles más sociables están en Castilla-La Mancha y País Vasco, y los menos en Canarias y Madrid.

Texto adaptado de *El País Semanal*

2.6.1. ¿Verdadero o falso? Señala en el texto dónde se dice cada una de las frases.

	Verdadero	Falso
1. A los madrileños no les gustan las películas.		
2. En España cada año hay más bodas.		
3. Si eres de Salamanca tienes más posibilidades de vivir muchísimos años.		
4. Los catalanes son muy religiosos.		
5. En Toledo la gente es muy abierta.		

2.6.2. ¿En tu país también hay diferencias entre las distintas regiones? ¿Cuáles son? Escríbelas.

3.1. 👤 📖 **Aquí tienes una carta desordenada. Léela.**

En segundo lugar, para mí, la escuela es un lugar público y debe considerar la diversidad y los hábitos de sus estudiantes. Además, es muy grande y espaciosa; hay sitio para todos.

B. En conclusión, creo que una sala para fumadores es lo justo y necesario.

C. Madrid, 23 de diciembre de 2002

Muy Sr. mío:

E. Le saluda atentamente,

F. Por otra parte, encuentro que no es justo molestar a mis compañeros, por eso creo que es necesario buscar un lugar dentro de la escuela para los fumadores.

En primer lugar, pienso que como adulto y persona independiente tengo derecho a decidir si quiero fumar o no.

3.1.1. 👤 ✏️ **Escribe la carta en orden.**

3.1.2. 👤 ✏️ **Fíjate bien en el texto y señala las palabras que organizan la carta.**

....

....

3.1.3. 👤 ✏️ **Ahora, busca las expresiones para dar una opinión.**

....

....

3.1.4. 👤 ✏️ **¿Cómo saludamos en una carta formal?**

....

3.1.5. 👤 ✏️ **¿Cómo nos despedimos en una carta formal?**

....

3.2. 🔲📝 En tu calle hay un ruido horroroso. Escribe al ayuntamiento quejándote y defendiendo tus derechos como ciudadano. Temas: obras constantes, exceso de tráfico, camión de la basura a las 3 de la madrugada, camión de la limpieza a las 5 de la mañana, paso de aviones al aeropuerto cercano cada 15 minutos...

Para organizar nuestras ideas tenemos los siguientes elementos en español:

1. En primer lugar,...
   Por otra parte,...

2. Además,...
   También,...

3. En segundo/tercer lugar,...
   Por otra parte,...

4. Pero,...

5. Por último,...
   En conclusión,...

1. Sirve para introducir la enumeración de ideas.

2. Para continuar con la siguiente idea.

3. Sirve para introducir un nuevo argumento.

4. Introduce una idea que se opone o contrasta con lo anterior.

5. Sirve para concluir, finalizar.

3.3. 🔲🎧 Vas a escuchar a antiguos estudiantes de una escuela de español en Madrid que [50] hablan sobre el carácter de los españoles. Marca los adjetivos de carácter que escuches.

1. Extrovertidos
2. Amables
3. Desagradables
4. Habladores
5. Divertidos
6. Hipócritas
7. Simpáticos

8. Maleducados
9. Sociables
10. Abiertos
11. Informales
12. Bastos
13. Machistas
14. Mirones

3.3.1. 👥💬 ¿Estáis de acuerdo?

Recuerda:

- Para pedir una opinión:

    ¿Tú qué crees?
    ¿A ti qué te parece?
    ¿Tú qué piensas?
    ¿Tú qué dices?

    ¿Usted qué cree?
    ¿A usted qué le parece?
    ¿Usted qué piensa?
    ¿Usted qué dice?

- Para mostrar acuerdo o desacuerdo con las opiniones de otros:

    Yo (no) estoy de acuerdo con { esa idea / Luis / eso }, porque...

    Sí, claro
    Tienes razón } , pero...
    Bueno

CONTINÚA ●●●●●

Para mostrar que estamos de acuerdo solo en parte utilizamos **pero**. Es una forma de contrastar opiniones.

▶ *Los coches contaminan muchísimo la atmósfera.*

▷ *Sí, estoy de acuerdo, **pero** son necesarios en la vida de hoy.*

Para hacer referencia a las palabras que ha dicho otra persona usamos **eso**.

▶ *Yo no estoy de acuerdo con **eso**.*

Para mostrar que estamos totalmente en desacuerdo, podemos usar:

Bueno, bueno, no lo creo.

Ni hablar, eso no es así.

No tienes razón.

Pues, yo no estoy **para nada** de acuerdo.

Estás diciendo tonterías.

Estás equivocado.

Rompiendo tópicos:
no todos somos toreros ni flamencas **4**

4.1. **Mirad estas fotos y discutid cuáles pertenecen a España y por qué.**

Para preguntar por la causa de algo:

▶ *¿Por qué te parece que es España?*

▷ *Porque hay toros.*

4.2. **Opina sobre estos aspectos de España.**

1. ¿Crees que hay mucho ruido?

2. ¿Crees que los españoles fuman mucho?

3. ¿Qué piensas de los bares en España?

4. ¿Crees que los españoles son puntuales?

5. ¿Crees que son abiertos?

6. ¿Qué opinas del Rey de España?

7. ¿Qué piensas del uso de aceite de oliva en las comidas españolas?

8. ¿Qué te parece la forma de hablar de los españoles?

4.3. **Todos tenemos una imagen de la gente de otros países. Puede ser real o no. Piensa en los tópicos de las nacionalidades de tus compañeros o en los de tu propio país. Escríbelo en un papel y dáselo al profesor. El profesor leerá las opiniones. Tenéis que reaccionar.**

4.4. 👥 ✏️ **Con tu compañero, ordena la canción.**

¡Cesó la alegría!
Ya todos lloraban
Ya nadie reía
Todos lloraban.

Pues aunque allí no beben por la ley seca,
Y solo al que está enfermo despachan vino,
Yo pagué a peso de oro una receta
Y compré en la farmacia vino español, vino español, vino español.

Y oyendo esta música
Allá en tierra extraña
Eran nuestros suspiros, suspiros de España.

Voy a contarles a ustedes lo que a mí me ha sucedido
Que es la emoción más profunda que en mi vida yo he sentido.

El vino de nuestra tierra, bebimos en tierra extraña
¡Qué bien que sabe ese vino,
Cuando se bebe lejos de España!

Por ella brindamos todos y fue el fin de aquella cena
La Nochebuena más buena
Que soñar pudo un español.

Mas de pronto se escuchó
Un gramófono sonar
Callar todos, dije yo y un pasodoble se oyó
Que nos hizo suspirar.

Fue en Nueva York, en la Nochebuena
Que yo preparé una cena para invitar a mis paisanos;
Y en la reunión, toda de españoles
Entre vivas y entre oles, por España se brindó.

"En tierra extraña"
M. Penella / A. Álvarez Alonso

4.4.1. 👤 🎧 **Ahora escucha la canción y comprueba.**
[51]

4.4.2. 👥 💬 **Poned un título a la canción. Después, votad el mejor título entre toda la clase.**

4.4.3. 👥👤 💬 **¿Qué piensas de la canción? ¿Representa la idea que tienes de España? ¿Cuáles son los tópicos principales? ¿Qué canción crees que es muy representativa de tu país?**

AUTOEVALUACIÓN

Los titulares y fotos del periódico te ayudan a comprender mejor. Leer varias veces un texto y prestar atención a las ilustraciones puede darte mucha información.

Los Reyes inauguran Caixaforum, un nuevo centro cultural polivalente

El edificio modernista de Barcelona se abrirá al público el sábado

Los Reyes de España inauguraron ayer Caixaforum, el nuevo centro de la Fundación La Caixa en Barcelona, que abrirá sus puertas al público el próximo sábado. Este día se repetirá la primera escena de esta inauguración, la caída de un enorme telón que cubría una de las fachadas del edificio modernista proyectado en 1909 por Josep Puig i Cadafalch como fábrica y que ahora se ha recuperado como espacio cultural polivalente.

El País

- **¿Quiénes aparecen en la foto?** ....
- **¿Dónde están?**

  ☐ En el teatro   ☐ En una exposición   ☐ En un hotel

- **Busca** un nombre de ciudad, un nombre de institución, un día de la semana. Haz un resumen de la noticia.

Funciones comunicativas

- Expresar simultaneidad de acciones
- Expresar gustos y preferencias
- Expresar opiniones
- Expresar acuerdo y desacuerdo
- Expresar obligación
- Pedir algo
- Hablar de planes y proyectos

Contenidos gramaticales

- Presente de indicativo
- *Mientras* + presente
- Pronombres complemento
- Verbos referentes al tiempo atmosférico
- Verbos tipo *gustar*
- *Ir a* + infinitivo
- *Poder, tener que, hay que, deber* + infinitivo

Contenidos léxicos

- Números
- El tiempo atmosférico
- Los puntos cardinales
- En la costa, interior, montaña...
- Establecimientos y compras
- Ocio y tiempo libre
- Los viajes, tipo de transportes

La acampada

1 **Aquí tienes cuatro destinos para hacer una acampada en España; infórmate sobre ellos.**

Norte

Estación Sol y Nieve

- Puerto de la Veleta, 3 392 metros.
- Cerca de Granada.
- Vistas panorámicas.
- Estación de deportes invernales.
- Ríos y embalses.
- Deportes de aventura.
- Autocares desde Madrid.

Sur

Almuñécar

- Playas.
- Cerca de las Cuevas de Nerja.
- Entre el mar y la sierra de Almijara.
- Windsurf.
- Zona muy turística.
- Trenes y autocares.

Este

Río Adra

- Turismo rural.
- Naturaleza.
- Lejos de ciudades y playas.
- Pequeños pueblos blancos.
- Gastronomía.
- Estaciones termales.
- Solo coche.

Oeste

Vélez-Málaga

- Muy cerca de Málaga.
- Playas naturistas.
- Zona muy turística.
- Parques acuáticos.
- Clubes náuticos.
- Vida nocturna.
- Tren o avión hasta Málaga.

2 **[52] Pero antes de elegir, escucha en la radio qué tiempo va a hacer en cada zona y anótalo en el mapa.**

3 **Y ahora hay que elegir uno de los cuatro destinos. Tienes cinco minutos para pensar en tus preferencias sobre lugar, clima, actividades y transporte y para tomar algunas notas antes de exponerlas al resto de la clase. Estos ejemplos te pueden ayudar.**

Ejemplo:
- *Yo prefiero ir a la montaña porque la playa no me gusta.*
- *Para mí, es mejor Almuñécar porque en el norte va a hacer muy mal tiempo.*
- *Yo creo que la montaña es mejor porque hay nieve.*
- *Me parece que Vélez-Málaga es más interesante, porque está cerca de Málaga y podemos ir en avión.*

4 **Ahora expón a la clase tus preferencias y conclusiones. Después, discutid para elegir cuál va a ser el destino.**

5 **Ya sabéis dónde vais a ir de acampada y tenéis que hacer los preparativos para el viaje. Primero, haced una lista con las cosas necesarias.**

Debemos / tenemos que / hay que + comprar

- Aspirinas
- Guía
- Mochilas
- Sacos de dormir
- Linternas

6 🖳 ✏️ **Y ahora, agrupadlas según las tiendas donde las podéis encontrar.**

Ejemplo: ▷ *¿Dónde podemos encontrar las linternas?*

▶ ***Las*** *compramos en los grandes almacenes.*

Farmacia	Agencia de viajes	Supermercado	Tienda de deportes	Grandes almacenes	Otros
				Linternas	

7 🖳 💬 **Ya sabéis lo que necesitáis, ahora es necesario repartir las compras porque tenéis poco tiempo antes del fin de semana. Discutidlo en grupo, podéis hacerlo siguiendo este modelo:**

Ejemplo: ▷ *Mientras tú vas a la farmacia, nosotros vamos a la agencia de viajes.*

▶ *Nosotros podemos ir al supermercado y vosotras a los grandes almacenes.*

▷ *Yo prefiero comprar los...*

8 👥 ✏️ **Y ya solo falta ir a la tienda. Durante diez minutos, junto a un compañero, vais a preparar un diálogo escrito entre el cliente y el dependiente que luego presentaréis al resto de la clase. Por ejemplo, si debes ir a la agencia de viajes:**

▷ *Hola.*

▶ *Buenos días, ¿qué desea?*

▷ *Necesito información sobre Almuñécar, ¿tiene usted alguna guía?*

▶ *Sí, tengo estas dos.*

▷ *¿Cuál es mejor?*

▶ *Las dos son buenas pero esta,* La Costa del Sol, *tiene mapa de carreteras y esta,* Toda Andalucía, *está en español y en inglés.*

▷ *¿Cuánto cuestan?*

▶ La Costa del Sol *cuesta 14,5 euros y* Toda Andalucía, *19 euros.*

▷ *Quiero* La Costa del Sol.

▶ *Aquí tiene.*

▷ *Gracias.*

▶ *A usted.*

Elige la opción correcta.

1. Todos los días .... a las ocho de la mañana.
    - a. nos levantamos
    - b. levantamos
    - c. levantámonos

2. El niño no quiere .... la medicina.
    - a. tomar
    - b. toma
    - c. tomarle

3. Juan y Pedro .... al fútbol los domingos.
    - a. jugar
    - b. juegan
    - c. jugáis

4. A los españoles .... sobre las diez.
    - a. se cenan
    - b. cena
    - c. les gusta cenar

5. El avión es .... rápido .... el tren.
    - a. más/de
    - b. más/que
    - c. más/como

6. Voy .... casa.
    - a. en
    - b. de
    - c. a

7. El norte de España es .... húmedo.
    - a. muy
    - b. mucha
    - c. mucho

8. Mi hermano .... en la misma empresa.
    - a. sigue trabajar
    - b. sigue a trabajar
    - c. sigue trabajando

9. Si hay rayos, truenos y lluvia, hay ....
    - a. helada
    - b. tormenta
    - c. nieve

10. Mañana .... un examen.
    - a. vamos hacer
    - b. vamos a hacer
    - c. vamos haciendo

11. − ¿Necesitas las gafas para leer?
    − Sí, ...necesito.
    - a. los
    - b. les
    - c. las

12. A María .... gusta bailar.
    - a. lo
    - b. le
    - c. la

13. A María y Consuelo .... gusta bailar.
    - a. las
    - b. les
    - c. los

14. ¡Mis discos! ¿A ti? No, no ...., lo siento.
    - a. te los doy
    - b. me los doy
    - c. se los doy

Unidad 11

Funciones comunicativas

- Hablar de acciones terminadas en un tiempo relacionado con el presente
- Describir o narrar experiencias o situaciones personales
- Disculparse y dar una excusa
- Acciones habituales en contraste con acciones terminadas en un tiempo relacionado con el presente

Contenidos gramaticales

- Morfología del pretérito perfecto: regulares e irregulares
- Marcadores temporales
    - *hoy*
    - *esta mañana, esta tarde...*
    - *este mes, este año...*
    - *alguna vez*
    - *nunca*
    - *ya*
    - *todavía no / aún no*
- Revisión pronombres indefinidos

Contenidos léxicos

- Las actividades cotidianas: la agenda y una página de un periódico
- Turismo

1 Lucía y su mundo

1.1. 👤✏️ **Lucía tiene treinta y cinco años, trabaja fuera de casa y vive en un chalé adosado a las afueras de una gran ciudad. Su ritmo de vida es muy estresante. Hoy es jueves por la noche y está agotada. Mira los dibujos y marca qué ha hecho hoy.**

☐ **1.** Se ha levantado muy temprano. *early*		✓ **8.** Ha visto a su madre y han comido juntas. *toge*	
✓ **2.** Ha dejado al niño en el colegio.		✓ **9.** Ha llegado tarde a buscar a su hijo.	
✗ **3.** Ha desayunado con unas amigas.		✓ **10.** Ha ido en coche a la ciudad.	
✗ **4.** Ha abierto su correo electrónico.		✓ **11.** Ha hecho la cena.	
✗ **5.** Ha leído una novela.		✗ **12.** Ha acostado al niño.	
✓ **6.** Ha trabajado mucho en la oficina.		✓ **13.** Ha salido a cenar con unos amigos.	
✓ **7.** Ha tenido una reunión importante.			

1.2. ✏️ **Las frases que has marcado, se refieren al... Márcalo con una X.**

☐ Presente   ☐ Futuro   ☐ Pasado

1.3. 👥✏️ **Este tiempo se llama pretérito perfecto y se refiere al pasado. ¿Sabes cómo se forma? Mira bien la tabla y complétala.**

Pretérito perfecto

Sujeto	Presente del verbo *haber*	Verbos en -AR	Verbos en -ER	Verbos en -IR
Yo	**he**	trabaj**ado**	ten**ido**	sal**ido**
Tú	**has**	trabajado	tenido	sal**ido**
Él/ella/usted	ha	trabaj**ado**	tenido	salido
Nosotros/as	**hemos**	trabajado	ten**ido**	salido
Vosotros/as	**habéis**	trabaj**ado**	tenido	sal**ido**
Ellos/ellas/ustedes	han	trabajado	ten**ido**	salido

El participio se forma así ➡	**trabaj-** ADO	**ten-** IDO	**sal-** IDO

- Así es, el pretérito perfecto es un tiempo compuesto y se forma con el presente del verbo *haber* más el participio de cualquier verbo.

- El participio, en este caso, es invariable, no tiene género ni número. Observa:

*Él ha **llegado**.*   *Ella ha **llegado**.*   *Ellos han **llegado**.*

1.4. 👥 ✏️ **Pero si lees bien las frases vas a ver que hay algunos participios irregulares. Si los encuentras y los pones en los cuadros, tendrás los participios irregulares del español más usados.**

	Participio
Abrir	*Abierto*
Resolver	resuelto
Poner	puesto
Hacer	*hecho*
Cubrir	cubierto
Romper	roto

	Participio
Volver	vuelto
Descubrir	descubierto
Escribir	escrito
Decir	dicho
Ver	*visto*
Morir	muerto

(handwritten left margin: to open, to resolve, to put, to do/make, to cover, To break)

(handwritten right margin: come back, to fly, to discover, to write, to say, to visit, to die)

Usamos el *pretérito perfecto* para:

- **Referirnos a acciones terminadas en presente o en un periodo de tiempo no terminado. Observa:**

  – *Hoy ha sido un día horrible.*   – *Esta mañana he ido a la comisaría.*

  – *Esta tarde he visto a Luis.*   – *Este año he estado en París de vacaciones.*

- Fíjate en estos marcadores temporales, te pueden ayudar a comprender qué entendemos por **tiempo no terminado**:

Hoy		Esta		Este	
Hace	cinco minutos / una hora / un rato		mañana / tarde / noche / semana		mes / año / fin de semana / verano
Últimamente					

- Ejemplos:

  – *Esta semana no he ido al cine.*   – *Hoy me ha llamado Silvia.*

  – *Este año no he tenido vacaciones.*   – *Esta mañana ha hecho frío.*

  – *Este mes hemos trabajado mucho.*   – *Hace un rato que he llegado.*

1.5. 👤 🎧 **Ahora vas a escuchar lo que hace habitualmente un chico español. Toma nota**
[53] **en el recuadro de la izquierda de sus acciones cotidianas y en el de la derecha de lo que ha hecho hoy. Fíjate en las diferencias temporales.**

Habitualmente	Hoy

1.6. 👤 ✏️ **Piensa en cuatro cosas que haces todos los días pero que, hoy, no has hecho y escríbelas:**

- ....
- ....
- ....
- ....

1.7. 👤 ✏️ **El marido de Lucía, Álvaro, también tiene una agenda muy apretada siempre. Hoy es viernes por la noche. Fíjate en lo que ha hecho Álvaro ya esta semana y en lo que no ha hecho todavía. Y escríbelo en el cuadro de abajo.**

	3 Lunes	**4** Martes	**5** Miércoles	**6** Jueves	**7** Viernes	**8** Sábado	**9** Domingo
08:00			VIAJE A BARCELONA				
10:00	Dentista	Reunión de trabajo					
12:00		Gimnasio				ZOO con la familia	Hacer limpieza
14:00	Comida con el jefe			Comer en casa de mis padres			Regar las plantas
16:00		Recoger al niño			Entrevista con el tutor del niño		Ver la última película de Walt Disney con Lucía y el niño
18:00	Niño: judo		VUELTA A MADRID	Niño: inglés			Poner la lavadora
20:00							
22:00		Cena con Luis		Ir al cine con Lucía		Mi fiesta de cumpleaños	
24:00				Bailes de salón			

Ya	Todavía no
Álvaro ya ha ido al dentista.	Todavía no ha regado las plantas.

1.8. 👤 ✏️ **¿Por qué no miras en tu agenda todo lo que has hecho esta semana y se lo cuentas a un amigo por e-mail?**

📧 Enviar ahora 📧 Enviar más tarde 💾 📎 Adjuntar archivos ✒️ Firma ▾ 📇 Ayuda ▾

De: [＿＿＿＿＿＿＿ ▾]

Para: [＿＿＿＿＿＿＿＿＿＿＿＿＿＿＿＿＿＿]

Asunto: [＿＿＿＿＿＿＿＿＿＿＿＿＿＿＿＿＿＿]

Esta semana...

1.9. 👥 📖 **Con tu compañero lee y ordena este diálogo en el que una pareja habla de cómo les ha ido el día.**

► *¡Vaya horas de llegar! ¿Qué te ha pasado?* ⟶ ◯

► *Nada, he ido a trabajar como siempre; bueno, esta mañana no he podido arrancar el coche y he tenido que ir en metro.* ◯

► *Sí, ¡ya, ya...! Bueno, ¿y tú qué has hecho hoy?* ◯

► *Ya..., nada, es que me he encontrado con un ex novio y me ha invitado a una cerveza y luego nos hemos ido a cenar...* ◯

► *Sí, la verdad es que sí, tener el trabajo cerca de casa es una suerte, y en Madrid, más.* ◯

► *¡No! Si no me he creído la historia del ex novio... ¿eh?... ¡¿qué crees?!* ◯

► *¿Qué dices?, ¿un ex novio?, ¿y te has ido a cenar con él sin decirme nada?* ◯

► *Ya, pero es que esta mañana antes de salir he escuchado en la radio que los autobuses están en huelga.* ◯

► *¡Que no, idiota! Es que hemos tenido una reunión larguísima en el trabajo y no te he podido llamar. Ha venido el gran jefe hoy, ¿sabes?* ◯

► *¿Tú en metro? Pero si siempre me has dicho que odias el metro.* ◯

► *Pues porque con la huelga todo el mundo ha cogido su coche y coger un taxi hoy es una locura. Tú no tienes problemas, vas y vuelves andando. ¡Qué suerte tienes!* ◯

► *¿Y por qué no has cogido un taxi?* ⟶ ◯

1.9.1. 👤 🎧 **Ahora escucha y comprueba.**
[54]

1.9.2. 👤 ✏️ **Responde a estas preguntas sobre el diálogo que acabas de oír:**

1. ¿Cómo ha ido ella a trabajar? ....

2. ¿Cómo ha ido él a trabajar? ....

3. ¿Por qué ella ha llegado tarde a casa?

1.9.3. 👥 ✏️ **Y ahora, junto a tu compañero, piensa otras dos preguntas sobre el diálogo y comprueba si tus compañeros pueden contestarlas.**

1.9.4. 👥 🗣️ **Cuéntale a tu compañero cómo te ha ido el día, qué has hecho y qué no has hecho todavía pero tienes que hacer.**

Excusas, excusas 2

2.1. 👤 🎧 **Imagina que has quedado con otras personas, pero todas llegan tarde. Escucha**
[55] **las excusas que te dan y marca en la tabla con una X el motivo del retraso.**

	1	2	3	4
Un accidente en el camino	☐	☐	☐	☐
Una llamada a última hora	☐	☐	☐	☐
Problemas en la oficina	☐	☐	☐	☐
Tardanza del autobús	☐	☐	☐	☐
Enfermedad repentina del niño	☐	☐	☐	☐
Olvido	☐	☐	☐	☐
Encuentro en una librería con un viejo amigo	☐	☐	☐	☐
Una reunión de trabajo	☐	☐	☐	☐

2.1.1. 🔲 🎧 **Vuelve a escuchar y comprueba tus respuestas.**
[55] **Para introducir una excusa usamos:**

☐ Lo siento, que...   ☐ Lo siento, porque...   ☐ Lo siento, es que...

2.2. 🔳 ✏️ **Hay cuatro motivos que no has oído. Inventa cuatro nuevas excusas para ellos.**

3 La experiencia,
madre de la ciencia

También utilizamos **pretérito perfecto** con estos marcadores:

> **ya • aún no • todavía no**

► *¿Has escrito la postal?*   ► *¿Ha llegado Juan?*   ► *¿Habéis comido?*
▷ *Sí, **ya** la he escrito.*   ▷ *No, **aún no** ha llegado.*   ▷ *No, **todavía no** hemos comido.*

Y utilizamos normalmente el **pretérito perfecto** en preguntas o informaciones atemporales, por eso suele aparecer con **alguna vez** y **nunca**. Mira los ejemplos:

► *¿Has leído este libro?*   ► *¿Has esquiado alguna vez?*
▷ *No, no lo he leído.*   ▷ *No, no he esquiado nunca.*

3.1. 🔳 📖 **Escribe tres cosas que siempre has soñado hacer y ya has hecho y otras tres que todavía no has podido hacer. Después, cuéntaselo a tu compañero y toma nota de sus respuestas. ¿Coincidís en algo?**

Ejemplo: *Ya he escalado el Everest, pero todavía no he visitado Roma.*

3.2. 🔳 📖 **Y ahora, piensa en lo que has hecho durante este mes y contesta a este personaje tan curioso; por supuesto debes usar *alguna vez, nunca, aún, todavía...***

Adjetivos y pronombres indefinidos.

Alguien   ▶ *¿Me ha llamado alguien por teléfono?*
Nadie   ▷ *No, no te ha llamado nadie.*

Algún/alguno/a/os/as   ▶ *¿Necesitas algún libro?*
Ningún/ninguno/a/os/as   ▷ *No, no necesito ninguno.*

Algo   ▶ *¿Quieres algo?*
Nada   ▷ *No, no quiero nada.*

3.3. 🧑 🎧 **¿Te acuerdas de Lucía? Ella admira mucho a su abuelo y ha anotado las cosas**
[56] **que él ha hecho durante su vida para no olvidarlas. Escucha con atención.**

3.3.1. 🧑 ✏️ **Ahora contesta y justifica tu respuesta.**

	Sí	No	No sé
1. Ambrosio ha tenido siempre la misma profesión	☐	☐	☐
2. Ha vivido siempre en su pueblo	☐	☐	☐
3. Ha luchado en la guerra	☐	☐	☐
4. Ha ido a un safari	☐	☐	☐
5. Ha tenido dos esposas	☐	☐	☐
6. Ha conocido a sus nietos	☐	☐	☐
7. Ha vivido intensamente	☐	☐	☐

3.4. 👥 🗨️BLA **Piensa en alguien a quien admiras y cuenta a tus compañeros las cosas que ha**
hecho en su vida. Después piensa en alguien a quien desprecias y di también lo que ha
hecho. ¿Coinciden sus acciones con las vuestras?

Ejemplos: *Admiro a... porque...*   *Desprecio a... porque...*   *Nosotros hemos... como...*

3.5. 🧑 🎧 **Escucha a un grupo de estudiantes que hablan de su vida en Madrid. Toma nota**
[57] **en el cuadro de la izquierda de las cosas que ya han conocido de la ciudad y en**
el de la derecha de las que todavía no conocen.

3.6. 👥👥 🗨️BLA **Haced una lista de las actividades que se pueden hacer en el lugar donde vivís,**
después discutid qué habéis hecho ya y qué no.

3.7. 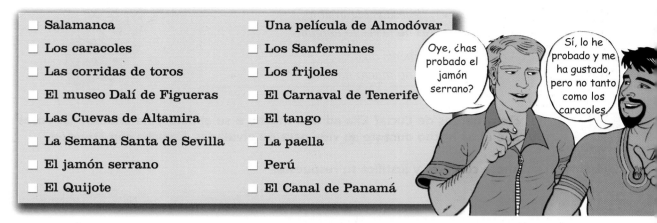 Ahora mira la lista que tienes abajo. Marca con una X tres cosas que te gustaría conocer, probar, ver, leer... y pregunta a tus compañeros si las conocen, han probado, han visto... y qué les han parecido.

- ☐ Salamanca
- ☐ Los caracoles
- ☐ Las corridas de toros
- ☐ El museo Dalí de Figueras
- ☐ Las Cuevas de Altamira
- ☐ La Semana Santa de Sevilla
- ☐ El jamón serrano
- ☐ El Quijote

- ☐ Una película de Almodóvar
- ☐ Los Sanfermines
- ☐ Los frijoles
- ☐ El Carnaval de Tenerife
- ☐ El tango
- ☐ La paella
- ☐ Perú
- ☐ El Canal de Panamá

Oye, ¿has probado el jamón serrano?

Sí, lo he probado y me ha gustado, pero no tanto como los caracoles.

3.8.  [58] Ahora escucha lo que cuentan cinco turistas. Toma nota y trata de averiguar, con la ayuda del profesor, a qué ciudades de España se refieren.

1	2	3	4	5
La ciudad es...	La ciudad es...	La ciudad es...	La ciudad es...	La ciudad es...

3.9.  Vamos a jugar. Imagina que acabas de volver de unas vacaciones en un país. Di a tus compañeros tres cosas que has visto o has hecho allí. Ellos luego te van a hacer preguntas para averiguar dónde has estado.

He visto hombres azules, he comprado una alfombra y he bebido mucho té a la menta.

A ver, ¿has hablado italiano?

Sí, la he bailado.

¿Has bailado la danza del vientre?

Pues no, no lo he hablado.

Seguro que ha estado en Japón.

3.10. 👤 🎧 **A continuación vas a escuchar una encuesta sobre las últimas vacaciones. Toma**
[59] **nota, en los recuadros correspondientes, de cuánta gente ha elegido una u otra opción. Las preguntas son:**

A ¿Qué medio de transporte ha usado?
   a. Avión .... ☐☐☐☐☐☐☐☐☐☐☐☐☐
   b. Tren .... ☐☐☐☐☐☐☐☐☐☐☐☐☐
   c. Coche .... ☐☐☐☐☐☐☐☐☐☐☐☐☐
   d. Autobús .... ☐☐☐☐☐☐☐☐☐☐☐☐☐
   e. Otros .... ☐☐☐☐☐☐☐☐☐☐☐☐☐

B ¿Qué tipo de alojamiento ha elegido?
   a. Hotel .... ☐☐☐☐☐☐☐☐☐☐☐☐☐
   b. Camping........ ☐☐☐☐☐☐☐☐☐☐☐☐☐
   c. Apartamento.. ☐☐☐☐☐☐☐☐☐☐☐☐☐
   d. Albergue ...... ☐☐☐☐☐☐☐☐☐☐☐☐☐
   e. Otros .... ☐☐☐☐☐☐☐☐☐☐☐☐☐

C ¿Qué tipo de turismo ha hecho?
   a. Cultural .... ☐☐☐☐☐☐☐☐☐☐☐☐☐
   b. Playa .... ☐☐☐☐☐☐☐☐☐☐☐☐☐
   c. Montaña........ ☐☐☐☐☐☐☐☐☐☐☐☐☐
   d. Rural .... ☐☐☐☐☐☐☐☐☐☐☐☐☐
   e. Otros .... ☐☐☐☐☐☐☐☐☐☐☐☐☐

D ¿Ha hecho compras?
   a. Muchas .... ☐☐☐☐☐☐☐☐☐☐☐☐☐
   b. Lo normal...... ☐☐☐☐☐☐☐☐☐☐☐☐☐
   c. Ninguna .... ☐☐☐☐☐☐☐☐☐☐☐☐☐
   d. Recuerdos .... ☐☐☐☐☐☐☐☐☐☐☐☐☐
   e. Regalos .... ☐☐☐☐☐☐☐☐☐☐☐☐☐

E Aproximadamente, ¿cuánto dinero ha gastado?
   a. 600 euros ...... ☐☐☐☐☐☐☐☐☐☐☐☐☐
   b. 1200 euros .... ☐☐☐☐☐☐☐☐☐☐☐☐☐
   c. 1500 euros .... ☐☐☐☐☐☐☐☐☐☐☐☐☐
   d. 3000 euros .... ☐☐☐☐☐☐☐☐☐☐☐☐☐
   e. 6000 euros .... ☐☐☐☐☐☐☐☐☐☐☐☐☐

F Lo que menos le ha gustado de sus vacaciones
   a. El viaje .... ☐☐☐☐☐☐☐☐☐☐☐☐☐
   b. El tiempo ...... ☐☐☐☐☐☐☐☐☐☐☐☐☐
   c. El hotel.......... ☐☐☐☐☐☐☐☐☐☐☐☐☐
   d. La comida .... ☐☐☐☐☐☐☐☐☐☐☐☐☐
   e. Otros .... ☐☐☐☐☐☐☐☐☐☐☐☐☐

3.10.1. 👥🗨 **Ahora hazles a tus compañeros la misma encuesta referida a algún viaje que hayan realizado recientemente. Haced una puesta en común para saber vuestras preferencias a la hora de viajar.**

El **periódico** **4**

■ ■

4.1. 👥🗨 **Vamos a hacer un periódico. Todo periódico se divide en secciones. Por ejemplo,** *Internacional*. **¿Podéis indicar otras?**

Internacional ....
....
....
....

4.2. 👥🗨 **Con tus compañeros piensa en lo que ha sucedido últimamente en tu ciudad, en tu escuela, en el mundo.**

Este año ....
Este mes ....
Esta semana ....
Hoy ....

4.3. 👥 ✏ **Ahora, clasificad los acontecimientos por secciones.**

Cultura	*Sociedad*	*Deportes*	....	....

4.4. 👤 📖 **Lee esta noticia.**

Tres estudiantes desaparecidos

Tres estudiantes de la escuela pública Nuestra Señora de los Misterios han desaparecido esta tarde tras haber encontrado una misteriosa caja azul.

Los estudiantes de segundo curso de la ESO, J.M., M.F. y O.G., de la escuela Nuestra Señora de los Misterios, Murcia, han llegado juntos al centro educativo esta mañana, como todos los días y han encontrado en el patio de la escuela, junto a unas basuras, una misteriosa caja azul. Se la han enseñado a su profesora Dña. Juana Martín Fernández, quien les ha mandado al director para entregarla después de las clases. Los estudiantes, que han salido juntos de nuevo, no han llegado al despacho ni han vuelto a casa. Se desconoce su paradero, así como el de la misteriosa caja.

Ahora contesta a las preguntas:

- ¿Qué ha pasado?
- ¿Quiénes son los protagonistas?
- ¿Dónde ha sucedido el hecho?
- ¿Cuándo ha sucedido?

4.5. 👥 ✏️ **Elige una noticia del ejercicio 4.3. y escribe un artículo que recoja la siguiente información.**

- ¿Qué ha pasado?
- ¿Quiénes son los protagonistas?
- ¿Dónde ha sucedido el hecho?
- ¿Cuándo ha sucedido?

4.6. 👨‍👩‍👧 ✏️ **Ahora, entre todos, maquetad el periódico.**

1. Cuando el profesor te da una redacción tuya corregida, ¿qué haces?

☐ Lees la redacción de nuevo con las correcciones
☐ Cuentas el número de errores
☐ Escribes una lista con tus errores

☐ Seleccionas los errores que repites con frecuenci
☐ Haces una nueva redacción y comparas resultado
☐ Comparas la última redacción con otras anteriore

2. Ahora que conoces el pretérito perfecto, llevar un diario de clase puede ayudarte a controlar tu proceso de aprendizaje.

- **¿Que he hecho en clase?** ....
- **He tenido dificultades en...** ....
- **He mejorado en...** ....

Unidad **12**

Funciones comunicativas
- Pedir/dar instrucciones sobre lugares y direcciones: organizar el discurso
- Pedir permiso, conceder y denegar
- Invitar/ofrecer: aceptar y rehusar

Contenidos gramaticales
- Imperativo afirmativo: regulares e irregulares
- Organizadores del discurso
- Imperativo + pronombres
- Secuencias de afirmación:
    - *sí, claro*
    - *sí, por supuesto*
    - *sí, cómo no*
    - *claro, claro*

Contenidos léxicos
- La ciudad
- El banco: el cajero automático
- La cabina: llamar por teléfono

1 ¡¿Mande?!

1.1. 🧍🖊️ **Con tu compañero, relaciona los dibujos con las frases.**

1 Mira, mira.

2 ¡Sácate el dedo de la nariz, Juan, por favor!

3 Beba agua, duerma mucho, haga ejercicio.

4 Pasen, pasen, adelante.

5 Coge la línea 2 hasta Sol.

1.1.1. 🎲🖊️ **Clasifica las frases del ejercicio 1.1. según su uso.**

Esta nueva forma verbal se llama imperativo.

☐ Dar instrucciones, explicaciones ☐ Invitar a hacer algo

☐ Dar consejos ☐ Llamar, captar la atención

☐ Dar órdenes, mandar

1.2. 🧍📖 **Lee estos tres diálogos:**

1
▸ *Perdone, ¿dónde está la Plaza Conde Valle de Suchil?*

▸ *Está muy cerca. Mire, coja la primera calle a la derecha hasta la calle Vallehermoso, que está a la izquierda, y luego, la primera a la derecha. A la derecha está la plaza.*

2
▸ *Oye, perdona, ¿hay una estación de metro por aquí?*

▸ *Sí, primero coge Alberto Aguilera. Luego sigue todo recto hasta la Plaza de Ruiz Jiménez, cruza y enfrente está la boca de metro.*

3
▸ *Por favor, ¿para ir a la calle Arapiles?*

▸ *Pues, está un poco lejos. A ver... tenéis que tomar la calle Alberto Aguilera hasta Ruiz Jiménez. Después seguid la calle San Bernardo, hacia la izquierda, para tomar la calle Magallanes. Al final de esa calle está Arapiles.*

1.2.1. 🎲🖊️ **En estos diálogos aparece el imperativo. ¿Por qué no buscáis todos los verbos en imperativo y completáis, con la ayuda del profesor, el siguiente cuadro?**

	-AR	-ER	-IR
Tú		coge	
Vosotros/as			seguid
Usted	perdone		
Ustedes	perdonen	cojan	sigan

Usamos el *imperativo*...

- **...para dar instrucciones**
  - *Coge la línea 2 hasta Sol.*

- **...para dar órdenes**
  - *Sácate el dedo de la nariz.*

- **...para dar consejos o hacer sugerencias**
  - *Bebe agua, duerme mucho.*

- **...para llamar la atención**
  - *Mira, mira.*

- **...para invitar u ofrecer**
  - *Pasen, pasen.*

- **...y sus terminaciones son las que has escrito en el cuadro anterior. Recuérdalas:**

	-ar	-er	-ir
Tú	-a	-e	-e
Vosotros/as	-ad	-ed	-id
Usted	-e	-a	-a
Ustedes	-en	-an	-an

- Pero también hay verbos irregulares en el imperativo, los tienes en el recuadro de abajo. La persona *vosotros* en imperativo es siempre regular.

Oír ....oye   Salir ......sal   Venir ......ven   Tener......ten

Hacer ....haz   Poner ....pon   Decir......di   Ir ....ve

1.3. 👤 ✏️ **Completa el cuadro de los verbos irregulares.**

> oíd • haz • haced • hagan • sal • oigan • venid • digan • id • pon • tened • pongan
> salga • oiga • salgan • vaya • venga • tenga • di • ponga • decid • ve • tengan

	hacer	salir	poner	tener	ir	venir	decir	oír
Tú				ten		ven		oye
Vosotros/as		salid	poned					
Usted	haga						diga	
Ustedes					vayan	vengan		

¿Has visto? También son irregulares en imperativo todos los verbos que en presente tienen irregularidades vocálicas (e-ie, o-ue, e-i). Fíjate bien:

cierra - **pi**de - **cue**nta - emp**ie**za - **vue**lve

1.4. 👤 ✏️ **Escribe la forma correcta del imperativo para las personas *tú* y *vosotros*.**

		Tú	Vosotros
Ejemplo:	**Comprar el pan**	compra	comprad
	1. Leer el periódico		
	2. Venir aquí		
	3. Estudiar los verbos		
	4. Coger el metro		
	5. Girar a la derecha		

1.5. 👤 ✏️ **Y ahora, haz lo mismo con las personas *usted* y *ustedes*.**

		Usted	Ustedes
Ejemplo:	**Escuchar las noticias**	escuche	escuchen
	1. Pulsar el botón		
	2. Cerrar la ventana		
	3. Limpiar la casa		
	4. Pedir información		
	5. Contar el dinero		

1.6. 👤 ✏️ **Aquí tienes las instrucciones de un cajero automático para sacar dinero. Completa los espacios en blanco con la forma correcta del imperativo. Usa la forma *usted*.**

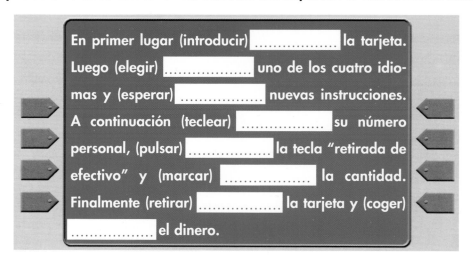

En primer lugar (introducir) _____ la tarjeta.
Luego (elegir) _____ uno de los cuatro idiomas y (esperar) _____ nuevas instrucciones.
A continuación (teclear) _____ su número personal, (pulsar) _____ la tecla "retirada de efectivo" y (marcar) _____ la cantidad.
Finalmente (retirar) _____ la tarjeta y (coger) _____ el dinero.

Así puedes ordenar el discurso:

Para empezar	**Para seguir**	**Para terminar**
Primero	*Luego*	*Finalmente*
En primer lugar	*Después*	*Por fin*
	A continuación	*Para acabar*
		Por último

1.7. 👤✏️ **Si descubres un modo para salir de este laberinto escríbelo en el cuadro que tienes al lado.**

Para salir del laberinto, primero...

1.8. 👥🔤 **Lee los diálogos del ejercicio 1.2. y completa el cuadro con palabras de los textos.**

Lejos	Esquina	Girar
		Tomar
A la derecha	metro	
Todo recto		
Enfrente	Bocacalle	Estar
Hacia		Ir

1.9. 👥💬 **Pregunta a tu compañero cómo ir a:**

• Su casa
• Un cibercafé
• Un supermercado
• Una parada de autobús
• Un cine

1.10. 👤✏️ **¿Recuerdas los pronombres personales? Relaciona las frases:**

1	Cruza la calle	•	a	**Pásalas**
2	Cruza el parque	•	b	**Crúzalo**
3	Pasa los edificios	•	c	**Crúzala**
4	Pasa las casas	•	d	**Pásalos**

Fíjate que en español los pronombres complemento (directo e indirecto) cuando van con un imperativo afirmativo siempre se utilizan detrás del verbo y se escriben unidos a él.

Coge el metro ➡ *cóge**lo***

Preguntad las direcciones ➡ *preguntad**las***

Dé la tarjeta al inspector ➡ *de**le** la tarjeta*

1.11. 👤✏️ **¿Recuerdas las instrucciones para sacar dinero del cajero automático? ¿Por qué no sustituyes los sustantivos por pronombres? Aquí tienes los verbos y los nombres, sólo tienes que relacionarlos y escribir, a la derecha, el imperativo con el pronombre.**

1	Introducir	•	a	Dinero	
2	Elegir	•	b	Instrucción	
3	Esperar	•	c	Tarjeta	Introdúzcala
4	Teclear	•	d	Cantidad	
5	Pulsar	•	e	Número	
6	Marcar	•	f	Idioma	
7	Coger	•	g	Tecla	

1.12. [60] **Seguro que te has preguntado alguna vez cómo funciona una cabina telefónica en España. Si escuchas con atención y relacionas los elementos de las tres columnas, pronto lo vas a saber.**

Ejemplo: *Primero, descuelgue el auricular, a continuación...*

Primero	Colgar	
Luego	Introducir	Número
Finalmente	Marcar	Auricular
Después	Descolgar	Tono
A continuación	Esperar	Tarjeta/Monedas

1.13.

Alumno A: **Vas a vivir un mes con una familia española. Acabas de llegar a la casa y quieres deshacer las maletas, pero no sabes dónde dejar las cosas. Pregunta al dueño de la casa dónde dejas:**

- Tus bolsas de té
- El gel, el champú y el cepillo de dientes
- Una botella de vino blanco
- El abrigo
- Los libros de español y el diccionario
- Las botas de montaña
- ...

Alumno B: **En tu casa va a vivir un estudiante extranjero. Dile dónde puede poner sus cosas**

- En la estantería del cuarto de baño
- En el armario de la cocina
- En el armario
- En el zapatero
- En el frigorífico
- En la mesa del estudio
- ...

Ejemplo: **Alumno A:** *Oye, ¿qué hago con las bolsas de té?*
Alumno B: *Guárdalas en el armario de la cocina.*

2 Políticamente **correctos**

2.1. **Relaciona:**

1	¿Puedo entrar?	•	•	a	No, es que lo necesito.
2	¿Me dejas usar tu libro?	•	•	b	Sí, claro, entra.
3	¿Se puede fumar aquí?	•	•	c	No, aquí no se puede.

• **Para pedir permiso u objetos**	• **Para concederlo**	• **Para denegarlo**
−*¿Puedo + **infinitivo**...?*	−*Sí, claro.*	−*No, lo siento, es que...*
−*¿Me dejas +* { ***infinitivo**...?* / ***sustantivo**...?* }	−*Sí, por supuesto.* −*Sí, cómo no.*	−*No, es que...*
−*¿Se puede + **infinitivo**...?*	−*Sí, sí, se puede...* −*Sí, + **imperativo***	−*No, no puedes, porque...* −*No, no se puede...*

2.2. **Aquí tienes algunas situaciones en las que puedes pedir permiso, concederlo o denegarlo. Ahora prepara un diálogo con tu compañero y preséntalo luego al resto de la clase.**

Es la primera vez que viajas en avión y quieres cambiar la posición del asiento, visitar la cabina, desabrocharte el cinturón, fumar un cigarrillo, ir al servicio, abrir la ventanilla y ponerte el chaleco salvavidas.

Estás en una fiesta de cumpleaños y quieres cambiar el disco, subir el volumen de la música, tomar otra cerveza, abrir la ventana, apagar la calefacción, bailar sobre la mesa del salón y tomar otro trozo de tarta.

Estás en casa de un amigo y quieres jugar con su ordenador, fumar un cigarrillo, tomarte un café, poner los pies en el sofá, bajar un poco la persiana, cambiar el canal de televisión y preparar la cena.

Estás en un taxi y quieres subir la ventanilla, encender el aire acondicionado, comerte un bocadillo, fumar un puro, cambiar la emisora de radio, coger un plano de la ciudad y pagar con tarjeta de crédito.

Es tu primer día de trabajo y necesitas hacer una llamada, entrar al despacho del director, coger papel para la fotocopiadora, salir a desayunar, imprimir un documento, cerrar la ventana y encender la calefacción.

2.3. [61] **La directora de una escuela de español explica a los estudiantes nuevos el funcionamiento del centro. Escucha y marca las reglas que oigas.**

1. Se puede usar internet hasta las 8 de la tarde.
2. No se puede comer ni beber alcohol en clase.
3. No se puede recibir visitas.
4. Se puede llamar por teléfono desde recepción.
5. No se puede tener conectado el teléfono móvil durante las clases.
6. No se puede fumar.
7. Se puede tomar café, agua o refrescos.
8. Se puede ver películas de vídeo los sábados por la mañana.
9. No se puede poner los pies encima de la mesa.

2.4. **Lee y comprueba tus respuestas.**

Buenos días a todos y bienvenidos a Salamanca. Mi nombre es Concepción Rodríguez Santos y soy la Directora académica de esta escuela. Si necesitáis algo, podéis encontrarme de 9 a 2 y de 4 a 6 en el despacho B12. Quiero además aprovechar la ocasión para daros información sobre el funcionamiento de nuestro centro.

En la carpeta de información podéis encontrar las normas que hay que seguir dentro del centro. No se puede fumar en todo el recinto. No se puede comer ni beber alcohol en la clase, pero se puede tomar café, agua o refrescos. No se puede tener conectado el teléfono móvil durante las clases, para no molestar al profesor ni a los compañeros. Por supuesto, no se puede poner los pies encima del mobiliario, ni sobre las sillas ni sobre las mesas.

Otra cosa importante es que tenemos una sala de internet para uso de los estudiantes que se puede usar durante las pausas, y después de las clases hasta las 8 de la tarde.

Y esto es todo. Muchas gracias y buena suerte en Salamanca.

2.5. 👤 📖 **Ahora vas a aprender a ofrecer cosas, a aceptarlas y a rechazarlas. Fíjate bien.**

2.5.1. 👥 ✏️ **Subraya las expresiones que sirven para ofrecer algo y aceptarlo o rechazarlo.**

2.6. 👤 🎧 **Escucha la siguiente conversación entre Paula y Elena y responde:**

[62]
- ¿Qué cosas le ofrece Elena a Paula?
- ¿Qué formas usan para *ofrecer, aceptar* y *rechazar*?

2.6.1. 👤 📖 **Ahora lee y comprueba si has comprendido bien.**

Paula: *Mmm, ¡qué bien huele! ¿Qué estás haciendo?*
Elena: *Nada, preparar unas cosillas, ¿no te acuerdas de que hoy vienen Javier y Cristina?*
Paula: *Anda, es verdad. Te ayudo.*
Elena: *No, mujer, deja, deja, si ya está.*
Paula: *Pero qué dices, si está la cocina patas arriba, ¿qué hago?, ¿friego?*
Elena: *Bueno, si quieres...*
Paula: *Por cierto, ¿qué es eso? Tiene una pinta fantástica.*
Elena: *Es una receta de mi madre, pimientos rellenos. Pruébalos, ya verás.*
Paula: *No, no, después.*
Elena: *No seas tonta, mujer, coge, coge, que hay suficiente.*
Paula: *Vale, gracias... mmm... ¡qué buenos!*
Elena: *¿Quieres un poco de vino mientras vienen?*
Paula: *Bueno, sí, pero solo un poco.*
Elena: *Coge un canapé de salmón, que están muy buenos.*
Paula: *No, de verdad, gracias, que luego tenemos que cenar.*

> ¿Has visto? Elena le dice a Paula **coge, coge**. Esto es porque en español a menudo repetimos el imperativo cuando ofrecemos o permitimos algo a otra persona. Fíjate:
>
> ▷ *¿Me dejas tu libro?*   ▷ *¿Puedo entrar?*
> ► *Toma, toma.*   ► *Entra, entra.*

Para invitar y ofrecer

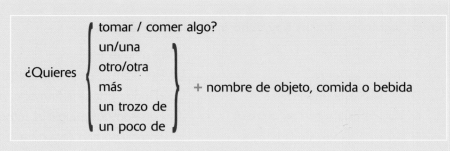

¿Quieres
- tomar / comer algo?
- un/una
- otro/otra
- más
- un trozo de
- un poco de

+ nombre de objeto, comida o bebida

• Para aceptar

Sí, gracias,
- un poco
- solo un poco

Sí, gracias, pero
- no mucho
- no muy caliente
- no muy frío

• Para rechazar

No, gracias,
- no fumo
- no bebo
- es que no puedo tomar...

No, de verdad, gracias, es que ya no puedo más.

2.7. Ahora imagina que has organizado una fiesta con tus compañeros y que cada uno ha preparado algunas cosas para tomar. Elige dos de las que tienes abajo y ofrécelas a los demás, ellos las van a aceptar o rechazar según sus gustos.

- Vino
- Patatas fritas
- Chorizo
- Aceitunas
- Tortilla

- Pasteles
- Bombones
- Coca-Cola
- Pan
- Tarta

- Jamón
- Queso
- Sangría
- Cerveza
- Zumo de frutas

- Pizza
- Ensalada
- Canapé
- Gazpacho
- Cubata

---

1. Ahora que el curso ha terminado, ¿qué contenidos crees que necesitas repasar?

- ....
- ....

2. Puedo hablar y escribir sobre:

- ☐ Cómo son mi familia y mis amigos
- ☐ La ciudad o el pueblo donde vivo
- ☐ Ir de compras
- ☐ Costumbres de los españoles
- ☐ Describir y ubicar objetos de mi clase o de mi casa
- ☐ Hablar de lo que hago normalmente
- ☐ Hablar de lo que he hecho recientemente

- ☐ Explicar el clima y el tiempo que hace en mi ciudad
- ☐ Dar instrucciones para llegar a un lugar
- ☐ Explicar cómo preparar un plato típico
- ☐ Hablar de experiencias personales
- ☐ Expresar planes y proyectos de futuro
- ☐ Aceptar y rechazar invitaciones
- ☐ Otros

1. En las siguientes frases hay ocho incorrectas. Márcalas.

- ☐ Esta mesa es rojo
- ☐ Mi madre es jueza
- ☐ En la clase está una pizarra
- ☐ La cartera está sobre de la mesa
- ☐ El pez está dentro de la pecera
- ☐ Me llamo es Mario
- ☐ El niño es enfermo
- ☐ Estudiamos en la universidad
- ☐ ¿Dónde está una farmacia, por favor?
- ☐ Eduardo gusta jugar al fútbol
- ☐ Javier y yo han comido en el restaurante

2. Encuentra las cinco palabras ocultas y léelas en voz alta.

ca	ri	ta
que	sa	qui
con	cuen	ten
zás	to	do

1. Lugar para vivir: ....
2. Hombre muy amado: ....
3. 1+1x2=4: ....
4. Ni sí ni no: ....
5. Está feliz: ....

3. Elige una frase. Léela marcando la entonación. Tu compañero tiene que decir cuál has leído.

A. ¿Vas a ir al cine?
B. Vas a ir al cine
C. ¡Vas a ir al cine!

4. Encuentra ocho palabras relacionadas con la familia y doce nombres de alimentos.

A	A	S	P	N	Ú	T	J	U	Ñ	X	Y	B	A	T	I
E	P	A	D	R	E	Q	Í	B	C	E	W	Á	U	M	E
S	P	T	O	M	I	L	U	O	R	V	B	E	Z	N	H
P	Y	Ú	P	U	E	M	H	N	J	Ñ	O	T	R	N	U
I	U	N	Í	C	A	Z	O	L	A	B	J	A	M	Ó	N
N	N	G	U	I	F	V	D	Z	T	R	C	U	G	M	H
A	S	O	B	R	I	N	A	D	R	O	H	E	L	I	E
C	V	K	R	U	F	E	L	É	D	C	M	N	B	L	Y
A	T	A	P	E	X	L	E	C	H	U	G	A	R	N	C
S	B	R	I	L	L	U	H	Z	Q	Ñ	U	R	T	I	Ó
I	P	A	T	A	T	A	A	N	U	A	B	A	V	E	D
D	O	L	E	W	C	M	S	A	R	D	I	N	A	N	A
O	L	E	U	B	A	S	C	A	T	A	T	J	T	R	I
A	N	J	A	R	D	G	Ó	H	E	R	D	A	M	A	L

Encuentra las cuatro palabras ocultas y léelas en voz alta.

za	co	to
ci	ra	za
za	pa	zul
a	na	go

1. Lo usamos en los pies: ....
2. Hacemos la comida en ella. Tiene frigorífico, microondas: ....
3. Color del cielo: ....
4. Ciudad española. Está en Aragón: ....

Habla
(en un minuto):

Tres cosas que te gusta hacer y por qué.

Háblanos de tu familia.

Cómo es tu habitación?

Cómo es tu ciudad?

Describe a un compañero.

Qué haces los fines de semana?

Qué has hecho hoy?

Qué vas a hacer el próximo fin de semana?

Qué hay que hacer para triunfar en la vida?

Cómo es el clima de tu país?

Qué prefieres, las películas de acción o los dramas?, ¿por qué?

Qué no has hecho todavía que quieres hacer?

7

8. C [ ] [ ] A
7. [ ] [ ] S [ ] S
6. C [ ] [ ] [ ] [ ]
5. A [ ] M [ ] [ ] [ ]
4. [ ] [ ] V [ ] [ ] [ ] R [ ]
3. [ ] I [ ] R [ ] [ ] [ ] S
2. L [ ] V [ ] [ ] L [ ] [ ] [ ] S
1. [ ] R [ ] G [ ] [ ] [ ] F [ ] [ ] O

LA PIRÁMIDE
Encuentra los objetos de la casa.

Distingue estos pares:

8.
- Ala - ara
- Ole - ore
- Aro - halo

9. Lee:

Tristes guerras,
si no es de amor la empresa.
Tristes, tristes.

Miguel Hernández

Elige la opción correcta.

Tiene .... frío.
☐ **a.** muy ☐ **b.** mucho

Juan .... cerrado.
☐ **a.** está ☐ **b.** es

Tenemos .... problema.
☐ **a.** una ☐ **b.** un

4. El gato .... en la cama.
☐ **a.** está ☐ **b.** hay

5. El café .... frío.
☐ **a.** es ☐ **b.** está

6. Javier y yo .... zumo.
☐ **a.** prefieren ☐ **b.** preferimos

7. El vaso .... de cristal.
☐ **a.** es ☐ **b.** está

8. La casa es ....
☐ **a.** cómodo ☐ **b.** elegante

9. Estoy .... Málaga.
☐ **a.** a ☐ **b.** en

Nota: Soluciones en Prisma del profesor, pág. 143.